Checker TOBI

Der große DEMOKRATIE-Check

WAHLEN, PARLAMENTE, KINDERRECHTE:

Das check ich für euch!

Geschrieben von Gregor Eisenbeiß

cbj

Checker TOBI

Der große DEMOKRATIE-Check

Frieden

HEY LEUTE!

Jetzt mal Hand aufs Herz: Wann wart ihr eigentlich das letzte Mal so richtig froh, dass ihr morgens in die Schule gehen könnt? Oder dankbar, dass ihr sagen konntet, als ihr etwas doof gefunden habt? Oder einfach glücklich, weil ihr eure Lieblingsmusik hören konntet?

Lasst mich raten: so gut wie nie, oder?

Einfach, weil das ja irgendwie selbstverständlich ist, zu spielen, zur Schule zu gehen, die Musik zu hören, die man mag, oder auch nur, dass der Bus zu der Zeit kommt, die auf dem Fahrplan steht. Total normal, oder?

In Wahrheit ist es das aber gar nicht! Im Gegenteil: In vielen Teilen der Welt läuft das sogar ganz anders! Höchste Zeit also, einfach mal zu feiern, dass wir weitgehend so frei und ungezwungen leben können, wie wir es können! Höchste Zeit für einen „Demokratie-Check“! Denn dieser „Demokratie“ haben wir viele coole Sachen zu verdanken, die wir als normal und selbstverständlich betrachten.

Um was es sich dabei genau handelt, wie abgefahren diese „Demokratie“ eigentlich ist – und wie beknackt das Leben ohne sie sein kann, möchte ich euch gemeinsam mit meiner hypermodernen Roboterassistentin Roberta zeigen.

Also, habt ihr Bock?
Dann nix wie los zum großen Demokratie-Check!

Viel Spaß! Euer Tobi

WORUM GEHT'S ÜBERHAUPT?

Stellt euch mal vor, auf der ganzen Welt gäbe es keine Regeln. Ihr könntet den lieben langen Tag das tun, was euch gerade im Kopf herumspukt: Pizza zum Frühstück, Youtube, bis die Augen viereckig sind, und wenn ihr keine Lust auf Schule habt, geht ihr einfach nicht hin. Klingt irgendwie ganz schön cool, oder?

Aber jetzt stellt euch mal vor, das würden alle machen: Jeder macht nur noch das, was er oder sie will. Euch klaut einfach jemand das Fahrrad, weil es gerade so praktisch rumsteht, der Nachbar parkt sein Auto direkt in eurem Vorgarten, weil kein Parkplatz frei war, oder Busse und Straßenbahnen kommen nur noch, wann sie wollen. In kürzester Zeit gäbe es Stress und Streit, es wäre ein riesiges Chaos ausgebrochen und eigentlich würde nix mehr funktionieren.

Damit wir Menschen friedlich in einer Gemeinschaft zusammenleben können, braucht es also Regeln. Und die Frage, wer diese Regeln bestimmt, ist schon so alt wie die Menschheit selbst – und wurde auch schon immer unterschiedlich beantwortet: mal war es der Stammesälteste, mal ein wie ein Gott verehrter Pharao und im Mittelalter wurden die Regeln in Europa von adligen Herrschern oder Herrscherinnen gemacht.

MONARCHIE

Wenn ein Kaiser, eine Kaiserin, ein König oder eine Königin allein über ein Land herrscht, nennt man das Monarchie.

Auch heute gibt es nicht nur in Europa noch einige Königshäuser, allerdings haben sie längst nicht mehr so viel Macht wie früher: In Schweden regiert zum Beispiel Carl XVI. Gustaf, in Spanien Felipe VI. und in England trug über 70 Jahre Queen Elizabeth II. die berühmte britische Krone.

Auch in Deutschland gab es schon viele berühmte Monarchen, zuletzt regierte Kaiser Wilhelm II. (bis 1918).

All diese Herrscher:innen haben über das Leben und das Schicksal von ganz vielen Menschen bestimmt – und jemand Neues kam nur dann an die Macht, wenn der Herrscher oder die Herrscherin starb. Heute wechseln die Personen, die ein Land regieren, viel häufiger, auch bei uns in Deutschland ist das so. Wir leben inzwischen nämlich in einer sogenannten Demokratie.

Was es damit auf sich hat?
Das check ich für euch!

Checker FRAGE

Was ist eine Demokratie?

Die Geschichte der Demokratie beginnt im Jahr 514 v. Chr. mit einem echten Krimi: dem Mord an Stadtoberhaupt Hipparchos. Der regierte Athen nämlich sehr brutal und selbstsüchtig. Deshalb wurde er eines Nachts von zwei Angreifern getötet, die einen Wechsel in der Führung von Athen wollten.

STAAT

Ein Staat ist eine Vereinigung von vielen Menschen, die in einem bestimmten, abgegrenzten Gebiet leben. Das Wort kommt aus dem Lateinischen: „Status" bedeutet „Zustand" oder „Verfassung". Jeder Staat bestimmt selbst, welche Gesetze und Regeln in seinem Staatsgebiet gelten. Deutschland, Österreich und die Schweiz sind drei der knapp 200 Staaten auf der Erde.

Auf die Frage, wer denn der Nachfolger werden soll, hatte der Staatsmann Kleisthenes eine für damalige Verhältnisse völlig verrückte Antwort: Am fairsten und gerechtesten wäre es doch, wenn das Volk (griechisch: „Demos") die Herrschaft (griechisch: „Kratos") übernehmen würde!

Seine Idee war, dass jeder Athener Bürger sich für ein Amt zur Wahl stellen können sollte. Bei einer sogenannten Volksversammlung sollten dann alle Bürger regelmäßig gemeinsam über gesellschaftliche Fragen diskutieren, politische Entscheidungen treffen, Gesetze beschließen oder wichtige Ämter neu vergeben.

Diese Idee kam beim Volk natürlich megagut an – und fortan trafen sich alle Athener Bürger, ob arm oder reich, um zusammen abzustimmen. Allerdings – so ganz „für alle" galt das dann doch noch nicht: Frauen, Fremde und Sklaven waren nämlich von der Volksversammlung ausgeschlossen.

Trotzdem war das ein echter Meilenstein in der Geschichte und die Geburtsstunde der Demokratie. Knapp 200 Jahre konnten die Athener ihre Stadt demokratisch regieren, bis Athen 322 v. Chr. nach seiner Eroberung durch Alexander den Großen Teil des Königreichs Makedonien wurde und die Menschen in Athen fast all ihre Rechte verloren. Ab diesem Zeitpunkt hatten dort dann fast 2000 Jahre lang wieder Alleinherrschende, Könige oder Kaiser das Sagen.

Erst mal sah es also so aus, als hätte die Demokratie ein schnelles Ende gefunden, wäre nicht der berühmte griechische Philosoph und Wissenschaftler Aristoteles gewesen, eigentlich sogar ein Gegner der Demokratie!

Er glaubte nämlich, die meisten Menschen hätten nicht genug Wissen und Überblick, um wichtige Entscheidungen für die Gemeinschaft treffen zu können. Er fand die Idee der Demokratie sogar so blöd, dass er seine Gedanken und Argumente aufgeschrieben hat. Und genau das stellte sich viele hundert Jahre später als großes Glück heraus!

PHILOSOPHIE

Das Wort „Philosophie" kommt aus dem Griechischen und bedeutet „Liebe zur Weisheit". Philosophen wollen die Welt verstehen, suchen neues Wissen und stellen Fragen wie: „Was können Menschen wissen?" „Wie soll man sich richtig verhalten?" oder „Was ist veränderlich, und was bleibt?"

Nur deshalb konnten dann im 17. Jahrhundert, also vor etwa 400 Jahren, diese Ideen wiederentdeckt werden. Europäische Philosophen wie Immanuel Kant, John Locke oder die Franzosen Montesquieu und Rousseau, lasen Aristoteles und belebten die Demokratie neu.

FRAGE gecheckt!

Es dauerte nicht lang, bis die Demokratie dann auch wirklich ihren endgültigen Durchbruch erlebte: Ende des 17. Jahrhunderts in England und rund hundert Jahre später in Amerika, Frankreich und vielen anderen Teilen der Welt.

Heutzutage dürfen weltweit immerhin fast die Hälfte aller Menschen bei wichtigen Entscheidungen mitbestimmen und haben somit ihr Leben ein Stück weit selbst in der Hand. Das bedeutet umgekehrt aber auch, dass es noch sehr viele Länder gibt, in denen die Machthabenden gar nichts von Demokratie halten und überhaupt keine Lust haben, etwas von ihrer Macht abzugeben. Leider führt das für die Bevölkerung oft zu riesigen Problemen.

Welche das sind?
Das check ich für euch!

Checker FRAGE

Was passiert ohne Demokratie?

Es gibt viele Länder, in denen ein demokratisches System kaputtgegangen ist oder gar nicht erst eingeführt wurde. In solchen Ländern sehen wir leider immer wieder die Probleme, die ohne Demokratie auftreten: Während es sich die paar Menschen, die an der Macht sind, gut gehen lassen, leidet die Bevölkerung auf vielfältige Art und Weise – was den Machthabenden meist schnurzpiepegal ist.

Anstatt Geld für die Öffentlichkeit auszugeben, zum Beispiel für neue Schulen oder Krankenhäuser, stecken sie es lieber in einen neuen Palast oder ein teures Auto. Das finden die meisten in der Bevölkerung natürlich total doof und ungerecht – großartig etwas dagegen unternehmen können sie aber oft nicht. Sie haben keine Möglichkeit, die Herrschenden abzuwählen – und oft dürfen sie noch nicht einmal laut dagegen protestieren, weil sie sonst verhaftet und in den Knast gesteckt werden.

Richter:innen und Polizist:innen teilen dort meistens die Meinung derjenigen, die an der Macht sind, und können machen, was sie wollen – völlig egal was im Gesetz steht. Das ist natürlich megaungerecht und sorgt bei der Bevölkerung erst recht für Wut, Angst und Hilflosigkeit. Hinzu kommt, dass in vielen undemokratisch geführten Staaten auch große Armut herrscht, weil vielen Menschen nur sehr niedrige Löhne gezahlt werden.

Irgendwann ist die Not dann oft so groß, dass sich die Menschen nicht mehr anders zu helfen wissen, als sich mit Gewalt gegen ihre Regierung zu wehren. Schlimmstenfalls kommt es dann zu einem sogenannten Bürgerkrieg: Die Bevölkerung und die Regierung eines Landes kämpfen gegeneinander – meistens mit Unterstützung von anderen Ländern, die sich auf eine der beiden Seiten schlagen.

Und Krieg ist nun mal wirklich für alle Menschen schrecklich: Überall herrschen Zerstörung, Leid und Tod.

Vielen Menschen bleibt dann nichts mehr anderes übrig, als ihre Heimat zu verlassen, in ein anderes Land zu fliehen und dort Asyl zu beantragen, um wieder ein normales Leben führen zu können.

„Asyl“ kommt aus dem Griechischen und bedeutet so viel wie „Heim“ oder „Zufluchtsstätte“. Und jeder Mensch auf der Flucht, der in seiner Heimat verfolgt wird oder um sein Leben fürchtet, hat ein Recht auf Asyl. Also das Recht, in einem anderen Land aufgenommen zu werden. Auch bei uns in Deutschland ist das so.

Was es bedeutet, seine Heimat verlassen zu müssen, und wie schwierig so eine Flucht ist, habe ich von Rahmad aus Afghanistan erfahren. Dort herrscht seit vielen Jahren Krieg – und seine lange Reise hierher war echt beschwerlich und gefährlich!

Tagelang kauerte er ohne Pause und bei völliger Dunkelheit in einem LKW, hat sich heimlich nachts über Grenzen geschmuggelt und wurde mehrmals von der Polizei verhaftet und in ein Kinderheim gesteckt! Seine Flucht ging durch halb Europa, und bis er endlich hier in Sicherheit war, hat es zwei Jahre gedauert! Total krass, oder?

GENFER FLÜCHTLINGS-KONVENTION

Am 28. Juli 1951 unterzeichneten viele Staaten die „Genfer Flüchtlingskonvention" (GFK), das ist ein Abkommen oder Vertrag. Sie regelt bis heute, wer als Flüchtende:r gilt und ob Flüchtende zum Beispiel die Schule besuchen oder medizinisch versorgt werden dürfen und welchen rechtlichen Schutz sie haben.

Fehlende Freiheit, Armut, Not, Krieg, Elend, Angst, Unsicherheit – das alles gibt es vor allem in Ländern ohne Demokratie. Wir können den alten Griechen eigentlich gar nicht dankbar genug sein, dass sie damals die Demokratie erfunden und so dafür gesorgt haben, dass wir heute gemeinsam mit vielen anderen Ländern in Frieden und Freiheit leben können.

FRAGE gecheckt!

Unsere heutige Demokratie unterscheidet sich dabei natürlich etwas von der im alten Athen, wo ja große Teile der Bevölkerung gar nicht mitbestimmen durften – Sklaven und Frauen waren ausgeschlossen. Zum Glück ist das heutzutage in Europa anders: Die Sklaverei wurde abgeschafft und die Frauen dürfen inzwischen überall wählen.

Der vielleicht größte Unterschied zum alten Griechenland sind aber wir! Heute leben Millionen mal mehr Menschen in den einzelnen Ländern der Erde als im damaligen Athen. Und weil wir so viele sind, ist es heute nicht mehr möglich, dass alle ständig über alles abstimmen. Dann käme man zu nichts anderem mehr – und das nächste Chaos wäre vorprogrammiert. Also wählen wir Menschen, die das hauptberuflich für uns erledigen sollen: Politiker:innen, oft auch Volksvertreter:innen genannt.

Das Coole dabei ist, dass diese Politiker:innen sich nicht einfach so lange an der Macht halten können, wie es ihnen passt: Alle vier bis fünf Jahre finden nämlich Neuwahlen statt. Wenn sie also in ihrer Regierungszeit einen miesen Job gemacht haben, werden sie nicht wiedergewählt und jemand anderes darf ran. Das sorgt schon mal dafür, dass sich Politiker:innen echt anstrengen müssen und im Sinne des Volkes handeln – und nicht zu ihrem eigenen Vorteil.

REGIERUNG

Eine Regierung leitet einen Staat. Sie besteht aus dem oder der Regierungschef:in und den Minister:innen. Diese sind zum Beispiel für die Wirtschaft, die Umwelt, den Verkehr und vieles mehr zuständig. Die Regierung trifft die Entscheidungen, wie das Land regiert werden soll und welche Gesetze und welche Regeln gelten. In einer Demokratie wird die Regierung regelmäßig von den Bürger:innen des Landes neu gewählt.

Darüber hinaus gibt es aber noch ein weiteres Hilfsmittel, um eine Demokratie zu schützen: die sogenannte **Gewaltenteilung.**

Was das ist?
Das check ich für euch!

Checker FRAGE

Was ist Gewaltenteilung?

Damit die Macht, die sogenannte Staatsgewalt, nicht nur auf eine Person beschränkt ist und alle, auch die Politiker:innen, sich an die Gesetze halten, gibt es in einer Demokratie drei unterschiedliche Abteilungen: die Legislative, die Exekutive und die Judikative.

Staatsgewalt

Legislative (Gesetzgebende Gewalt)	Exekutive (Ausführende oder vollziehende Gewalt)	Judikative (Rechtssprechende Gewalt)

Bundestag Bundesrat	Bundesregierung Bundeskanzler:in, Minister:innen	Bundesverfassungsgericht Oberste Gerichtshöfe
Länderparlamente	Länderregierungen	Ländergerichte
	Polizei, Staatsbeamte	

LEGISLATIVE Der Begriff kommt aus dem Lateinischen und ist aus zwei Wörtern zusammengesetzt, die „Gesetz" und „tragen" bedeuten. Die Legislative ist also für die Gesetzgebung zuständig: Sie macht die Gesetze. Genauer gesagt, machen das Politiker:innen aus allen Regionen Deutschlands und aus verschiedensten Bereichen, zum Beispiel dem Bundestag.

Bevor ein neues Gesetz gemacht wird, müssen sich die beteiligten Politiker:innen erst einmal auf einen Entwurf einigen. Der muss dann dem Bundespräsidenten oder der Bundespräsidentin vorgelegt werden, damit er unterschrieben wird. Nur dann gilt das Gesetz.

BUNDESPRÄSIDENT:IN

Das Staatsoberhaupt der Bundesrepublik Deutschland ist der oder die Bundespräsident:in. Bundespräsident:innen werden für fünf Jahre gewählt, vertreten Deutschland gegenüber dem Ausland und schließen Verträge mit anderen Ländern. Sie sind oft auf Staatsbesuchen in der ganzen Welt unterwegs, ernennen offiziell die Regierung und unterschreiben neue Gesetze.

Falls der Entwurf nicht unterschrieben wird, weil es irgendwelche Bedenken oder Einwände gibt, müssen sich die Politiker:innen noch einmal zusammensetzen und den Entwurf nachbessern. Wenn es aber klappt, was meistens der Fall ist, dann kommt die zweite Abteilung ins Spiel ...

EXEKUTIVE Auch dieses Wort kommt aus dem Lateinischen und bedeutet so viel wie „ausführen". Es geht also um Personen, die dafür sorgen sollen, dass die Gesetze auch umgesetzt und beachtet werden.

Zur Exekutive gehört daher die Polizei, aber auch viele weitere: Bundesregierung und Bundespräsident:in, die Regierungen der einzelnen Bundesländer, die Bürgermeister:innen und die Angestellten des Staates, die Beamt:innen.

Was passiert, wenn sich jemand dann nicht an die Gesetze hält, weiß ich von Andi. Er ist nämlich Richter von Beruf und damit Teil der dritten Abteilung.

JUDIKATIVE Der Begriff kommt – wie sollte es anders sein – auch aus dem Lateinischen und bedeutet „Recht sprechen". Die Judikative entscheidet also, was nach dem Gesetz richtig ist. Zu ihr gehören die Staatsanwält:innen und eben Richter:innen wie Andi. Sie entscheiden über Gesetzesverstöße, also ob jemand wirklich eine Straftat begangen hat, und sprechen die Strafen aus.

Damit das auch wirklich gerecht zugeht, ist es total wichtig, dass Gerichte unabhängig arbeiten können: Richter:innen sind nur dem Gesetz verpflichtet und brauchen sich ansonsten in ihrer Arbeit von nichts und niemandem etwas vorschreiben zu lassen.

Legislative, Exekutive und Judikative sind immer voneinander abhängig und kontrollieren sich gegenseitig, damit keine der Abteilungen Mist bauen oder waghalsige Alleingänge machen kann. Die Gewaltenteilung sorgt also dafür, dass die Macht im Staat von niemandem missbraucht wird und die Demokratie geschützt ist.

FRAGE gecheckt!

Obwohl diese Gewaltenteilung die Demokratie schützen soll, sind vor allem auch wir selbst gefordert, jeden Tag für sie einzustehen und auf sie aufzupassen. Denn sogar so eine coole Sache wie die Gewaltenteilung bietet keine Garantie gegen Personen, die versuchen, die Demokratie kaputtzumachen und die Macht an sich zu reißen und uns damit um unsere Rechte und Freiheiten zu bringen.

Vor gar nicht allzu langer Zeit hat das nämlich sogar mal jemand geschafft! Bei uns in Deutschland! Wer das war und was das für katastrophale Folgen hatte, erfahrt ihr im nächsten Kapitel.

WER WIRD DER NEUE KÖNIG?

Wenn früher ein Monarch verstarb, wurde meistens sein ältester Sohn der Thronfolger. Was aber, wenn ein König gar keine Kinder hat?

In unserem Rätsel hat sich ein König was ganz Besonderes ausgedacht, um seine Nachfolge zu regeln …

Wer wird der neue König?

Um über seine Nachfolge zu entscheiden, gibt ein unverheirateter und kinderloser König jedem Kind in seinem Land ein Samenkorn. Das Kind, das die größte Pflanze züchtet, soll sein Nachfolger werden. Einige Monate später präsentieren die Kinder dem König ihre Pflanzen – der jedoch entscheidet, dass ausgerechnet ein Mädchen neue Königin wird, in deren Schälchen gar nichts gewachsen ist!

**Na? Habt ihr eine Idee, warum?
Viel Spaß beim Rätseln!**

LÖSUNG: Anstatt Samen hatte der König Kieselsteinchen verteilt. Als die Kinder merkten, dass daraus nichts wuchs, warfen sie die Steine weg und zogen eigene Pflanzen groß. Bei der Präsentation weiß der König, dass alle ihn belügen – außer dem Mädchen. Er belohnt sie für ihre Ehrlichkeit und ernennt sie zur neuen Königin.

BRD, DDR UND DEUTSCHLAND

Auch wenn wir alle uns vielleicht gar nicht so richtig vorstellen können, dass es so etwas wie Krieg bei uns in Deutschland geben könnte, ist unser friedliches Leben ganz und gar nicht selbstverständlich. Der letzte Krieg, den vielleicht eure Großeltern, zumindest aber eure Urgroßeltern miterlebt haben, tobte von 1939 bis 1945, also vor rund 80 Jahren: der Zweite Weltkrieg. Und das nicht nur in Deutschland, sondern in fast alle Ländern Europas, den USA sowie in Teilen Afrikas und Asiens!

Unfassbare 60 Millionen Menschen verloren damals ihr Leben! Die meisten Opfer waren aber gar keine Soldaten, sondern Leute wie du und ich. Sie starben durch Kriegswaffen, verhungerten oder wurden ganz bewusst ermordet. Man mag sich gar nicht vorstellen, was für eine schreckliche Zeit das war – die leider durch Deutschland angezettelt wurde! Schlimm, oder? Ist aber leider wirklich so gewesen.

Denn die deutsche Wehrmacht, so nannte man das Militär damals, marschierte am 1. September 1939 überraschend in Polen ein und eroberte das Land innerhalb von nur fünf Wochen in einem sogenannten Blitzkrieg. Und anschließend griff Deutschland dann auch noch Dänemark, Norwegen, Belgien, Luxemburg, die Niederlande, Frankreich, Jugoslawien, Griechenland, Nordafrika und schließlich sogar die Sowjetunion an!

Was die Sowjetunion war, erfahrt ihr von Roberta auf der nächsten Seite!

SOWJETUNION

Die Sowjetunion war das größte Land der Erde. Ihr Staatsgebiet reichte von der Ostsee bis zum Pazifischen Ozean – fast ein Sechstel der Erde. 1991 zerfiel das riesige Reich in das heutige Russland und viele weitere eigenständige Nachbarstaaten.

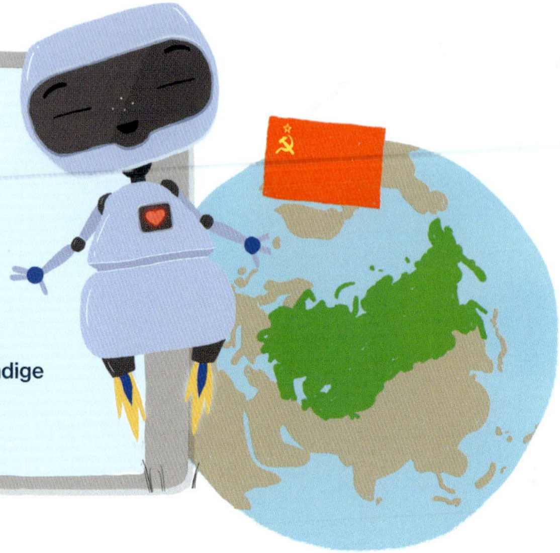

Und das vielleicht Unfassbarste dabei ist: Das alles passierte nur auf Befehl eines einzelnen Mannes, der machen konnte, was er wollte, weil es ihm gelungen war, die Demokratie abzuschaffen!

Wie das überhaupt möglich war? Das check ich für euch!

Checker FRAGE

Was ist eine Diktatur?

Es ist kein Zufall, wenn das Wort „Diktatur" euch an euren Deutschunterricht erinnert: Auch das Diktat stammt vom lateinischen Begriff „dictare" ab, was so viel wie „vorsprechen", „befehlen" oder „aufzwingen" bedeutet.

In der Schule sagt euch also euer Lehrer oder eure Lehrerin etwas vor, was ihr aufschreiben müsst. Und in der Politik? Da bestimmt ein Diktator über einen ganzen Staat und wie ihr darin zu leben habt! Vereinfacht gesagt, ist eine Diktatur also das genaue Gegenteil einer Demokratie. Auch in Deutschland gab es so etwas mal – und damit begann eine der schlimmsten Zeiten der Weltgeschichte.

PARTEI

In einer Partei schließen sich Leute zusammen, die ähnliche Ideen und Wünsche haben. Manche von ihnen stellen sich zur Wahl. Wenn sie dann gewählt werden, können sie in der Regierung mitbestimmen – und sich dafür einsetzen, dass eben die Wünsche und Vorstellungen ihrer Partei umgesetzt werden. Die größten Parteien in Deutschland heißen CDU/CSU, SPD, Bündnis 90/Die Grünen, FDP, AfD und Die Linke.

Los ging alles, als im Jahr 1933, also rund sechs Jahre vor Kriegsbeginn, Adolf Hitler an die Macht kam. Er hatte mit seiner Partei NSDAP, der Nationalsozialistischen Deutschen Arbeiterpartei, bei mehreren Wahlen viele Stimmen bekommen und war deswegen zum Kanzler ernannt worden.

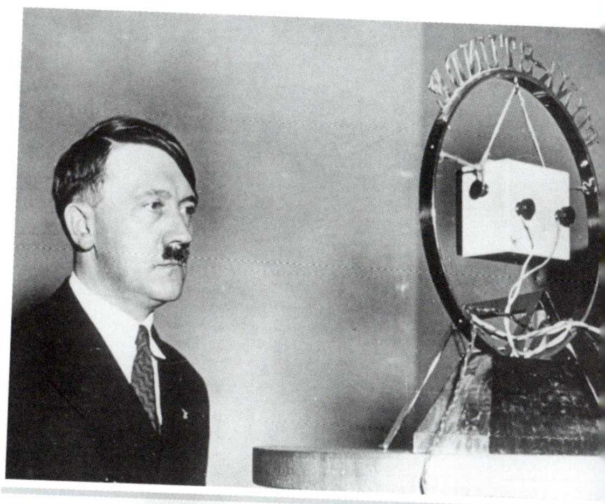

Allerdings wollte Hitler nicht mit vielen anderen Parteien gemeinsam regieren, sondern die Macht ganz für sich alleine haben. Geholfen hat ihm dabei schon kurz darauf, am 27. Februar 1933, der Brand des Reichstags, eines der wichtigsten Gebäude der Politik zu dieser Zeit.

Weil der Reichstag absichtlich angezündet wurde, nutzte Hitler das aus und behauptete, dass dies der Anfang eines feindlichen Aufstands im Land wäre. Schon am nächsten Tag wurden deswegen mit der sogenannten Reichtagsbrandverordnung strenge Gesetze erlassen.

Diese schränkten die Rechte der Bürger entscheidend ein: Kritik an Adolf Hitler oder der Regierung war nicht mehr erlaubt, und die Macht der NSDAP-treuen Polizei wurde so weit ausgebaut, dass sie ohne Grund Hausdurchsuchungen machen und politisch Andersgesinnte verhaften konnten.

Am 23. März 1933, also nur knapp einen Monat später, sollte das Parlament, also die Volksvertretung, über ein neues Gesetz entscheiden, das Hitler erlauben sollte, ganz alleine ohne Einmischung von irgendwem zu regieren und Gesetze zu erlassen: das sogenannte Ermächtigungsgesetz.

Eigentlich hatten die anderen Politiker darauf natürlich überhaupt keinen Bock – aber sie waren inzwischen so eingeschüchtert worden, dass die meisten trotzdem dafür stimmten!

Damit war der größte Teil der Macht in den Händen von Hitler. Nur vier Monate später hatte er alle anderen Parteien verboten und andersdenkende Menschen wurden verfolgt, verhaftet – oder sogar ermordet!

Hitler hatte Deutschland in kürzester Zeit in eine Diktatur verwandelt: Er konnte machen, was er wollte. Es ging nicht mehr um die Herrschaft des Volkes, sondern die gesamte Macht lag unkontrollierbar in den Händen eines einzelnen Menschen beziehungsweise seiner Partei – und durch brutale und grausame Gewalt gegen alle Andersdenkenden sollte das auch so bleiben.

Auch heute werden viele Länder der Welt von einzelnen Diktatoren oder kleineren Gruppen wie zum Beispiel dem Militär oder einer einzigen Partei beherrscht. Manchmal kommen Diktator:innen – wie bei Hitler geschehen – durch demokratische Wahlen an die Macht. Meistens passiert so etwas aber durch einen Putsch.

Wie ihr euch denken könnt, ist es für das Volk dann nicht mehr so leicht, aus so einer Diktatur wieder rauszukommen. Meistens gelingt das ebenfalls nur durch einen Putsch, oft ist daran auch das Militär beteiligt.

PUTSCH

Wenn Führende der Armee oder Politiker:innen mit Gewalt eine Regierung beseitigen, um selbst an die Macht zu kommen oder diese für sich zu sichern, ist das ein „Putsch" oder auch „Staatsstreich". Manchmal putscht auch eine Regierung selbst.

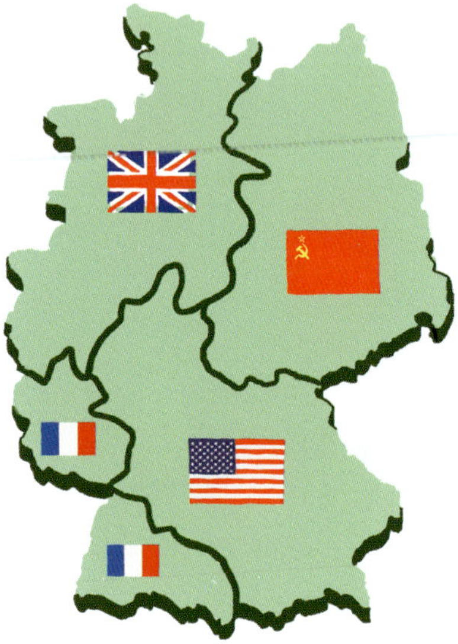

Hitler hat sich am Ende selbst umgebracht, nachdem klar geworden war, dass er den Krieg verlieren würde. Und wenig später, am 2. September 1945, war Deutschland besiegt und der Krieg endlich vorbei.

Die Sieger waren Amerika, Großbritannien, Frankreich und die Sowjetunion. Bald aber gab es Krach zwischen der Sowjetunion und den drei anderen Ländern, und ganz Deutschland wurde in sogenannte Besatzungszonen aufgeteilt: Amerika bekam den Süden, Großbritannien den Norden, Frankreich den Westen und die Sowjetunion den Osten. Auch Berlin wurde aufgeteilt.

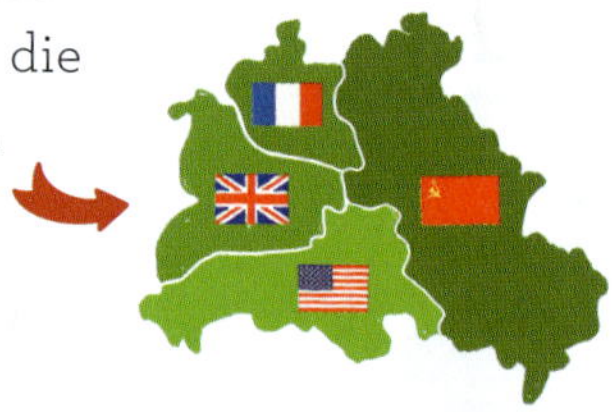

Die drei sogenannten Weststaaten Amerika, Großbritannien und Frankreich, selbst allesamt Demokratien, waren sich bald einig, dass aus ihren Besatzungszonen wieder ein eigenständiges Land werden sollte: die Bundesrepublik Deutschland, kurz BRD.

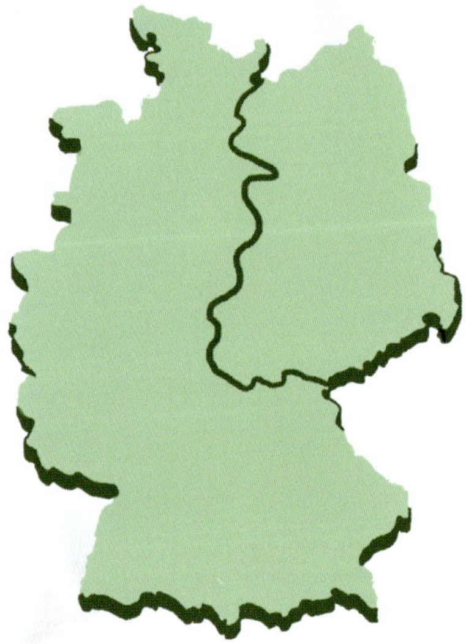

REPUBLIK

Das Wort „Republik" kommt vom Lateinischen „res publica". Wörtlich übersetzt bedeutet es „öffentliche Sache", also etwas, das alle betrifft. Als Republik wird eine Staatsform bezeichnet, in der das Volk die Macht hat. Vom Volk gewählte Politiker:innen bilden dabei die Regierung und machen die Gesetze.

Frankreich, Amerika und Großbritannien wollten sichergehen, dass die BRD eine Demokratie wird, damit sich so etwas wie der Zweite Weltkrieg nicht wiederholen konnte. Also legten die Weststaaten am 23. Mai 1949 eine Reihe von wichtigen Regeln fest, nach denen die BRD von nun an funktionieren sollte: **das Grundgesetz.**

Was da drinsteht?
Das check ich für euch!

Checker FRAGE

Was ist das Grundgesetz?

In unserem Grundgesetz stehen die wichtigsten Regeln, nach denen unser Staat aufgebaut ist und wie er organisiert sein soll. Also ob es eine Demokratie oder eine Monarchie sein soll, welche Rolle Parteien spielen und wie viel Macht zum Beispiel die Regierung oder die Polizei erhält.

Vor allem aber ist festgeschrieben, welche Grundrechte den einzelnen Menschen zustehen, damit wir frei leben und arbeiten können. Also zum Beispiel, dass jeder gleich viel wert ist, egal welches Geschlecht oder wie viel Geld jemand hat.

Außerdem ist die **RELIGIONSFREIHEIT** geregelt, also dass alle die Religion ausüben dürfen, die sie möchten.

Und die **PRESSEFREIHEIT** sorgt dafür, dass Journalist:innen schreiben dürfen, was sie wichtig finden.

Überhaupt darf jeder Mensch seine Meinung frei äußern, ohne Angst haben zu müssen, dafür bestraft zu werden: Das ist die **MEINUNGSFREIHEIT.**

Diese Grundrechte werden auch Menschenrechte genannt.
Sie wurden 1948 von den Vereinten Nationen aufgeschrieben, um Staaten zu ermuntern, sich daran zu halten.

VEREINTE NATIONEN

„Vereinte Nationen" ist der Name einer gemeinsamen Organisation fast aller Staaten der Welt. Das Ziel der Vereinten Nationen ist es, den Frieden zu sichern, die Menschenrechte zu schützen und ganz allgemein dabei zu helfen, dass man in der Welt besser zusammenarbeitet. Wegen des englischen Namens „United Nations Organization" spricht man auch von der UN oder der UNO.

Diese Grundrechte sind sogar so wichtig, dass sie ganz am Anfang unseres Grundgesetzes stehen. Es stehen aber noch mehr Dinge im Grundgesetz, zum Beispiel die Regeln, nach denen der Staat aufgebaut sein soll. Das sind die sogenannten **Verfassungsprinzipien** im Artikel 20 des Grundgesetzes:

Wir leben in einer Demokratie und bestimmen durch Wahlen, wer regieren soll.

Wir leben in einem Sozialstaat. Der Staat kümmert sich darum, dass alle Menschen ein menschenwürdiges Leben führen können.

Wir leben in einem Rechtsstaat. Alle Bürger müssen die Gesetze achten.

Wir leben in einem Bundesstaat. Alle Bundesländer haben noch einmal eine eigene Regierung und müssen bei der Gesetzgebung beteiligt werden.

Wir haben Gewaltenteilung. Legislative, Exekutive und Judikative sind voneinander getrennt.

Wir haben ein Recht zum Widerstand. Wenn jemand versucht, die Demokratie abzuschaffen, darf sich jeder dagegen wehren.

Das Grundgesetz umfasst insgesamt 146 Artikel und neue Gesetze dürfen ihnen nicht widersprechen. Es gibt sogar ein eigenes Gericht, das Bundesverfassungsgericht, das neue Gesetze darauf prüft, ob sie mit dem Grundgesetz übereinstimmen.

Falls jemand glaubt, dass gerade etwas in Deutschland gegen das Grundgesetz verstößt, kann er oder sie auch eine Verfassungsbeschwerde einlegen. Die prüft dann auch das Bundesverfassungsgericht. So soll unsere Demokratie und unsere Freiheit für immer sichergestellt sein.

Dieses Grundgesetz ist übrigens unsere Verfassung – seit der Wiedervereinigung der beiden Teile Deutschlands. Vorher galt es nur für den westlichen Teil Deutschlands, als eine vorläufige Verfassung, solange Deutschland geteilt war.

Denn unter sowjetischer Führung war zeitgleich zur BRD ein „zweites" Deutschland entstanden: die Deutsche Demokratische Republik, kurz DDR. Wie sich das damals angefühlt hat, hat mir der Rapper, Tänzer und Kollege Lars Dietrich bei einem „DDR-Picknick" erklärt hat. Er hat nämlich seine Kindheit und Jugend in der DDR verbracht.

Auf den ersten Blick war in der DDR vieles ganz ähnlich wie bei uns in der BRD, auch wenn das Land anders hieß. Als wir aber in Lars' Elternhaus waren und er mir gezeigt hat, wie er früher als Hip-Hop-Fan auf der Straße Breakdance getanzt hat, wurde mir klar, dass da schon ein deutlicher Unterschied gewesen ist.

Lars wurde deswegen nämlich einige Male von der Polizei verhaftet und von der Streife nach Hause gebracht. Er hat also richtig Ärger bekommen, einfach nur, weil er auf der Straße getanzt hat. Die Menschen in der DDR hatten nämlich im Vergleich zum Westen viel weniger Rechte.

Wieso?

Das check ich für euch!

Checker FRAGE

Wie demokratisch war die DDR?

Die Abkürzung DDR steht zwar für Deutsche Demokratische Republik – in Wahrheit war sie aber alles andere als das. Die Menschen dort durften zum Beispiel ihre Meinung nicht frei sagen und auch nicht frei wählen – denn es gab eigentlich nur eine Partei, die Sozialistische Einheitspartei Deutschlands, kurz SED.

Das alles hat vielen in der DDR natürlich nicht gefallen, und etliche sind daher über die Grenze in den Westen geflüchtet.

Diese Grenze verlief meist durch die Natur, manchmal aber auch mitten durch Dörfer. Die eine Hälfte des Orts lag dann in der DDR und die andere in der BRD.

Um zu verhindern, dass immer mehr Menschen in den Westen flohen, machte die Regierung der DDR im Jahr 1961 dann die gesamte Grenze dicht, ließ sie mit Soldaten streng bewachen und baute in der Hauptstadt eine stellenweise dreieinhalb Meter hohe Mauer! Teile davon stehen auch heute noch als Denkmal in Berlin und einige Wachtürme kann man sogar besichtigen.

Seit die Mauer stand, war es eigentlich unmöglich, in die BRD zu kommen. Wer es dennoch versuchte, riskierte eine Haftstrafe oder sogar, auf der Flucht erschossen zu werden – was wirklich auch vorgekommen ist!

Die Führung der DDR unterlag der strengen Kontrolle der Sowjetunion und wollte noch mehr bestimmen: Anstatt Englisch oder Französisch lernten die Schulkinder zum Beispiel Russisch in der Schule. Es gab auch nur sehr, sehr wenige Dinge aus Westdeutschland oder anderen nicht sowjetischen Ländern zu kaufen. Die DDR-Regierung bestimmte sogar, welche Musik man hören und welche Fernsehsender man gucken durfte, und auch, in welche Länder man in den Urlaub reisen durfte: nämlich nur in mit der Sowjetunion befreundete Staaten, wie Ungarn oder Bulgarien.

Um alles und jeden kontrollieren zu können, ließ die DDR-Führung sogar die Menschen heimlich überwachen! Das war die Aufgabe des sogenannten Staatssicherheitsdienstes, kurz Stasi, für den viele als Spitzel arbeiteten.

Wie das funktionierte, hat mir Jörg erklärt, der Chef des Berliner Stasi-Museums. Guckt mal, so sah ein Schlafzimmer damals in der DDR ungefähr aus.

Weil die Stasi genau mitkriegen wollte, was die Bürger:innen so dachten und sprachen, schlich sich diese Geheimpolizei manchmal heimlich in die Wohnungen der Leute und versteckte dort Wanzen. Also keine echten Insekten, sondern kleine Abhörgeräte. Hier, so sah das aus:

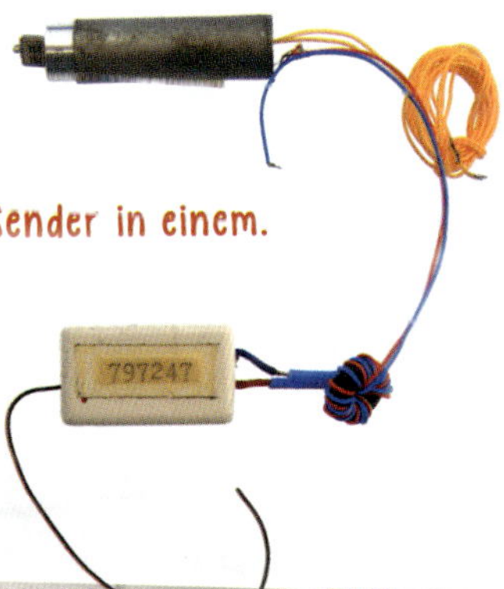

Mikrofon, Verstärker und Sender in einem.

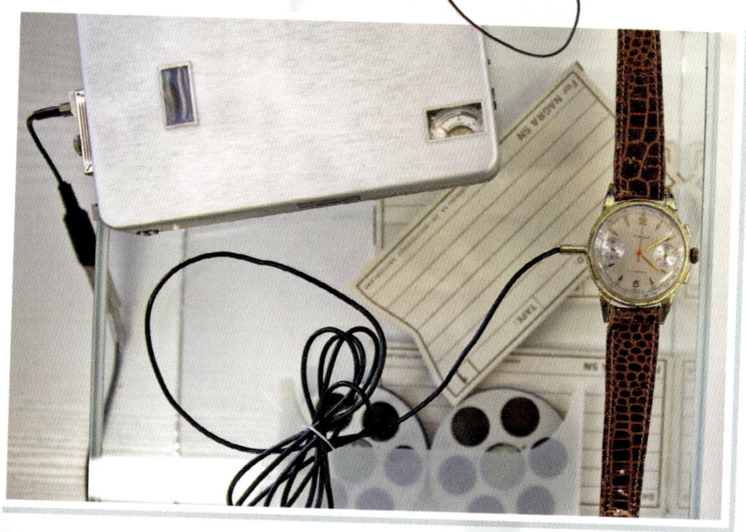

Diese Wanzen versteckte die Stasi an allen möglichen Orten: im Telefonhörer, in der Lampe, unterm Bett. Einfach überall.

Die Abhörstation war oft im selben Haus untergebracht: versteckt in einer leeren Wohnung, im Keller oder im Speicher. Die Stasi wollte so zum Beispiel herausfinden, ob jemand eine Flucht aus der DDR plante oder sich gegen die Regierung stellte.

Man wurde aber nicht nur bei sich zu Hause abgehört – das konnte dir überall passieren. Zum Beispiel mit einer als Stift getarnten Wanze, die mit einem Aufnahmegerät verbunden war und die man ganz unauffällig am Körper tragen konnte.

Man konnte sich also wirklich niemals sicher sein, nicht bespitzelt zu werden – und wenn man sich bei irgendwas erwischen ließ, wurde man bestraft. Das konnte einem auch wegen ganz kleiner, normaler Dinge blühen: Jörg kam zum Beispiel für zwei Jahre in den Knast, einfach nur weil er ein Poster im Büro hängen hatte, das der Regierung nicht passte! Ein Kollege verpetzte ihn an die Stasi und schon landete er im Gefängnis. Krass, oder?

Kein Wunder, dass die Menschen in der DDR von alldem irgendwann die Nase voll hatten. Ende der 80er Jahre, also vor über 30 Jahren, gingen immer mehr Menschen auf die Straße und demonstrierten: Sie forderten mehr Rechte für alle und vor allem Reisefreiheit in den Westen.

Der Druck auf die Regierung wurde immer größer – und am 9. November 1989 war es dann tatsächlich so weit: Völlig überraschend wurden die Grenzen geöffnet!

Was dann los war, kann man sich kaum vorstellen: eine der größten Partys, die Deutschland je erlebt hat. Innerhalb kürzester Zeit reisten Hunderttausende von Ost nach West, viele von ihnen stürmten sogar die Berliner Mauer!

In den nächsten Monaten wurde die verhasste Mauer Stück für Stück abgerissen. Die Politiker beider Länder beschlossen, Deutschland wieder zu vereinen und knapp ein Jahr später, am 3. Oktober 1990, wurde aus DDR und BRD wieder ein geeintes Deutschland.

FRAGE gecheckt!

Die Menschen in der DDR hatten es also tatsächlich ohne Blutvergießen geschafft, sich aus diktatorischen Verhältnissen zu befreien! Eine unglaubliche Leistung, die völlig zu Recht als „friedliche Revolution" in die Geschichte eingegangen ist!

An der deutschen Wiedervereinigung kann man sehen, wie unglaublich cool und wichtig demokratische Grundrechte sind und welche Kraft eine Demokratie entfalten kann. Krass, oder?

Seit über 30 Jahren wachsen wir also wieder zu einem geeinten Land zusammen – was nach einer so langen Zeit der Trennung natürlich auch nicht ohne Probleme vonstattengehen kann und bis heute nicht immer einfach ist. Aber wir werden immer besser darin und bald hat ein geteiltes Deutschland wirklich nur noch in den Geschichtsbüchern Platz.

Und wie das Ganze jetzt aussieht, wie also Demokratie in unserem geeinten Deutschland funktioniert, erfahrt ihr im nächsten Kapitel.

CHECKER TOBIS WORTGITTER

In einer Demokratie haben die Menschen viel mehr Freiheiten als in anderen Staatsformen. Besonders deutlich war der Gegensatz in der DDR. Findet ihr fünf Freiheiten, auf die die Menschen dort damals verzichten mussten?

Q	A	N	O	P	R	I	K	T
V	Z	R	E	I	S	E	S	U
N	M	E	I	N	U	N	G	S
Z	A	P	U	F	W	X	L	W
P	R	E	S	S	E	A	P	M
L	I	T	R	W	T	S	H	U
E	W	B	E	R	U	F	S	L

________________ -Freiheit

________________ -Freiheit

________________ -Freiheit

________________ -Freiheit

________________ -Freiheit

Viel Spaß beim Suchen!

WAHLPARTY!

Um euch zu zeigen, wie Demokratie heutzutage in Deutschland abläuft, hab ich mir was Besonderes ausgedacht, Leute: meine eigene Wahl!

Und weil das echt was Großes ist, hab ich mir dafür jede Menge Unterstützung geholt: die Kinder einer Münchner Grundschule, einige prominente Freund:innen und Kolleg:innen – die ihr bestimmt auch kennt – und die Hilfe einer echten Wahlexpertin. Darf ich vorstellen? Das ist Hanna.

Aber zuerst bin ich in unsere Hauptstadt Berlin gefahren – also dorthin, wo die Regierung von Deutschland sitzt. Dabei hab ich sogar die echte ehemalige Bundeskanzlerin getroffen!

Guckt mal, Angela Merkel von der CDU! Zusammen mit mir, Checker Tobi!

Ich war echt megaaufgeregt, Leute, denn Bundeskanzler:in ist der wichtigste Job überhaupt in der deutschen Politik. Die Person steht an der Spitze der Regierung. Angela Merkel war nicht nur die bisher einzige Frau in diesem Amt, sie hat das sage und schreibe auch 16 Jahre lang geschafft! Krass, oder? Länger – und zwar auch nur um ein paar Tage – war vor ihr nur eine Person im Amt: Helmut Kohl, ebenfalls CDU. CDU ist der Name einer Partei.

In einer Demokratie gibt es immer mehrere Parteien, die für verschiedene Wünsche und Vorstellungen kämpfen. In Deutschland sind die größten Parteien SPD, CDU/CSU, Bündnis 90/Die Grünen, FDP, AfD und Die Linke.

Für welche Ideen und Wünsche die Parteien alle so stehen? Das check ich für euch!

Checker FRAGE

Was sind die wichtigsten Parteien in Deutschland?

SPD

SPD

SPD ist die Abkürzung für „Sozialdemokratische Partei Deutschlands". Sie hat ungefähr 400.000 Mitglieder und ist damit die größte politische Partei in Deutschland. Sie ist gleichzeitig auch die älteste Partei, denn schon 1863 gründete sich eine erste sozialdemokratische Organisation.

Die SPD will für mehr Solidarität und Gerechtigkeit in der Gesellschaft sorgen, zum Beispiel bei der Bezahlung: Alle Arbeitenden sollen so fair bezahlt werden, dass sie von ihrer Arbeit gut leben können. In Deutschland ist es nämlich immer noch oft so, dass Frauen im selben Job weniger verdienen als Männer.

Gerechtigkeit bedeutet für die SPD aber auch, dass reiche Menschen mehr Steuern zahlen sollen, damit der Staat mehr für ärmere Menschen tun kann und diese somit die gleichen Chancen bekommen, ein gutes Leben zu führen, wie reiche Menschen. Die SPD hat aber darüber hinaus noch viele andere Ziele, wie zum Beispiel ein starkes Europa.

CDU/CSU

CDU ist die Abkürzung für „Christlich Demokratische Union“. Sie ist eine der größten Parteien in Deutschland und hat etwa 380.000 Mitglieder. Die bayerische CSU, die "Christlich-Soziale Union“, ist eine sogenannte Schwesterpartei. Das bedeutet, dass beide Parteien sehr eng zusammenarbeiten. Oft werden sie auch als gemeinsame Gruppe angesehen und „die Union“ genannt.

CDU
CSU

Die Union stellt christliche Werte wie Nächstenliebe in den Vordergrund. Gleichzeitig will sie, dass die Wirtschaft in Deutschland gut funktioniert. Deshalb unterstützen CDU und CSU mit ihrer Politik auch die Firmen und Fabriken, damit diese gut verdienen und viele Arbeitsplätze für die Menschen schaffen können.

Sie bezeichnet sich selbst gerne als „konservative“ Partei. Konservativ bedeutet, dass man etwas bewahren möchte. Ihr Ziel ist es also, das alles möglichst so bleibt, wie es ist. Größere Veränderungen unterstützt die Union nur, wenn sie unbedingt notwendig scheinen.

DIE GRÜNEN

Bündnis 90/Die GRÜNEN

Diese Partei hat etwas mehr als 125.000 Mitglieder, und ihr wichtigstes Ziel es ist, die Umwelt zu schützen, also Pflanzen, Tiere, Landschaft und Klima. Die Grünen setzen sich zum Beispiel dafür ein, dass umweltschädigende Kohlekraftwerke abgeschaltet werden und Strom in Deutschland nur noch aus sogenannten erneuerbaren Energien, wie zum Beispiel Wind- oder Solarenergie, gewonnen wird.

Außerdem engagieren sich die Grünen stark für eine offene Gesellschaft. Sie sind also gegen Benachteiligungen von zum Beispiel behinderten Menschen, Homosexuellen oder Menschen mit ausländischer Herkunft.

FDP

FDP

FDP ist die Abkürzung für „Freie Demokratische Partei". Sie hat um die 80.000 Mitglieder. Für die FDP ist die Freiheit jedes Einzelnen besonders wichtig. Sie setzt sich daher für eine liberale, also freiheitliche Politik ein. Das bedeutet, dass jeder selbst für sich verantwortlich sein soll und Gesetze das Leben der Menschen nur dort regeln sollten, wo es unbedingt notwendig ist.

Der Staat sollte sich also so wenig wie möglich einmischen: Firmengründungen sollen daher zum Beispiel leichter ermöglicht werden. Unter den großen Parteien setzt die FDP am meisten auf technischen Fortschritt und Digitalisierung.

DIE LINKE

Die Linkspartei hat etwa 60.000 Mitglieder und setzt sich vor allem gegen Armut und für Gerechtigkeit ein. Ihr ist besonders wichtig, dass alle Menschen die gleichen Chancen haben, ein gutes Leben zu führen. Die Linke möchte Reichtum und Besitz in Deutschland gerechter verteilen. Denn derzeit sind wenige Menschen sehr reich und ein Großteil hat nur wenig Geld.

Außerdem setzt sich Die Linke für weltweiten Frieden ein: Wenn es nach dieser Partei ginge, dürften deutsche Firmen keine Waffen mehr ins Ausland verkaufen und Deutschland dürfte auch keine Soldat:innen mehr in Krisengebiete schicken.

AfD

Die „Alternative für Deutschland" ist die jüngste der großen Parteien. Sie wurde erst 2013 gegründet und hat etwa 30.000 Mitglieder. Die AfD sagt, dass ihr die Tradition und der Erhalt der ihrer Ansicht nach „normalen" deutschen Kultur wichtig ist. Das bedeutet aber vor allem, dass die AfD gegen alles andere ist, was nicht ihrem Bild entspricht, beispielsweise Homosexuelle und Ausländer:innen.

Ebenso ist die AfD sehr für Sicherheit und Ordnung und will die Polizei stärken. Wobei sie die Störenfriede dieser Sicherheit und Ordnung vor allem wieder in – ihr ahnt es – Ausländer:innen sieht.

Außerdem bezweifelt die AfD, dass Menschen für den Klimawandel verantwortlich sind – und will deshalb auch nichts dagegen tun. Inzwischen hat das Bundesverfassungsgericht aber festgestellt, dass viele ihrer Ideen und Mitglieder möglicherweise die Demokratie gefährden, weshalb die AFD streng beobachtet wird.

FRAGE gecheckt!

Um die große Checker-Tobi-Wahl zu veranstalten, brauchten meine Wahlhelferin Hanna und ich natürlich auch verschiedene Parteien – und ihre sogenannten Spitzenkandidat:innen, die zur Wahl standen.

Und dabei handelte es sich um keine Geringeren als – Trommelwirbel –:

Voll cool, oder?

Bevor aber gewählt wird, muss man natürlich erst einmal klären, warum überhaupt gewählt werden soll. Ich kann euch schon mal verraten: Bei uns ging es um die Neugestaltung der Ferien.

Jede der drei Parteien hatte eigene Ideen, wie sie das Schüler:innenleben verbessern wollte, und versuchte, damit die Stimmen der wählenden Grundschüler:innen zu gewinnen. Jede Schülerin, jeder Schüler hatte eine Stimme – und die Partei, die die meisten davon erhielt, sollte gewinnen.

In echt funktioniert das Prinzip eigentlich genauso – auch wenn es natürlich keine „Ferienwahl“ gibt. Dafür gibt es aber in einer Demokratie jede Menge andere Wahlen und Möglichkeiten zur Mitbestimmung, zum Beispiel die Wahl der Oberbürgermeister:innen oder die sogenannten Landtagswahlen, wo es um die Regierungen der Bundesländer geht, oder die Kommunalwahlen, in denen für jede Gemeinde gewählt wird.

Die wichtigste Wahl in Deutschland ist aber die sogenannte Bundestagswahl, die alle vier Jahre stattfindet.

Warum die so wichtig ist?
Das check ich für euch!

Checker FRAGE

Was ist der Deutsche Bundestag?

Der Bundeskanzler beziehungsweise die Bundeskanzlerin ist zwar das Oberhaupt der Regierung in Deutschland – aber er oder sie regiert natürlich nicht allein, sondern führt ein ganzes Team an.

Die Regierung ist nämlich aufgeteilt in insgesamt 16 Abteilungen, sogenannte Ministerien. Es gibt zum Beispiel ein Ministerium für Wirtschaft und Klimaschutz, eines für Finanzen, ein Ministerium, das sich vor allem um Wünsche und Nöte von Familien kümmert, und noch einige mehr.

Gewählt wird die Regierung alle vier Jahre bei der Bundestagswahl von allen Deutschen ab 18 Jahren. Allerdings nicht wie bei der Checker-Tobi-Wahl, vom Volk direkt – sondern vom Deutschen Bundestag.

Der Deutsche Bundestag ist der Name des Parlaments von Deutschland. Das Wort „Parlament“ kommt vom französischen Wort „parler“, zu Deutsch: „sprechen“. Es wird also mächtig viel geredet, debattiert und diskutiert in so einem Parlament. Und zwar von den Politiker:innen, die in den Bundestag gewählt worden sind, den sogenannten Abgeordneten oder auch Mitgliedern des Bundestags, kurz MdB genannt.

Diese Abgeordneten sind es dann, die unsere Regierung wählen – allein deshalb ist der Bundestag also schon mal megawichtig.

Um eine:r dieser Abgeordneten zu werden, gibt es zwei Möglichkeiten. Jede:r Wähler:in hat bei der Bundestagswahl nicht nur eine einzelne Stimme, sondern eine Erst- und eine Zweitstimme.

Wie das dann abläuft, hat mir Hanna erklärt: Ganz Deutschland ist in 299 sogenannte Wahlkreise unterteilt. In jedem dieser Wahlkreise kandidieren Politiker:innen für den Bundestag. Die kann man mit der ersten Stimme wählen.

Die Politiker:innen mit den meisten Stimmen gewinnen und dürfen direkt in den Bundestag nach Berlin. So passiert das in allen Wahlkreisen.

Mit der zweiten Stimme kann man Parteien wählen. Und die dürfen dann auch noch Politiker:innen ins Parlament schicken.

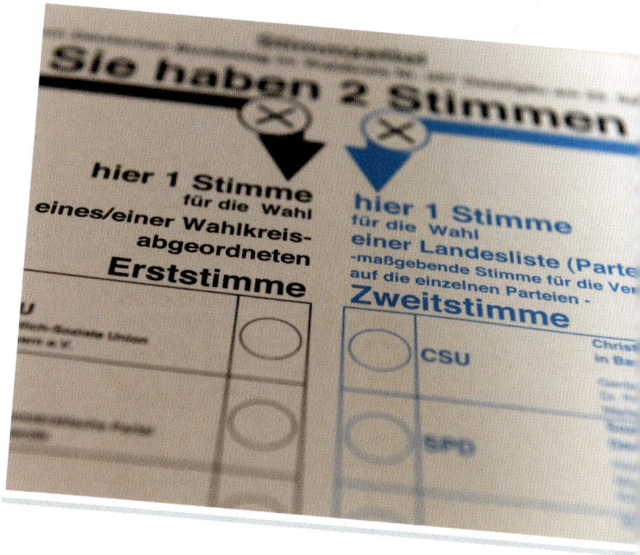

Die Partei mit den meisten Stimmen schickt auch die meisten Abgeordneten. Die mit den zweitmeisten Stimmen schickt die zweitmeisten und so weiter. Insgesamt sitzen damit mindestens 598 Abgeordnete im Bundestag, heute sind es über 700.

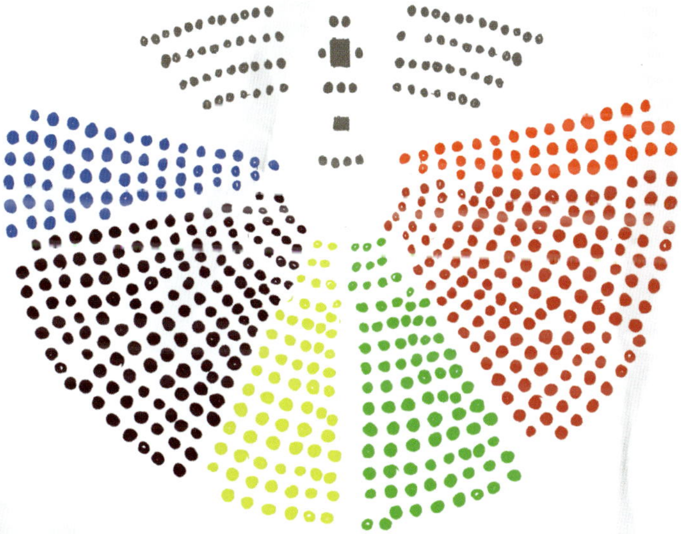

mind. 598 Abgeordnete

- SPD
- CDU/CSU
- Bündnis 90 / Die Grünen
- FDP
- AfD
- Die Linke

(Sitzeverteilung Stand Herbst 2022)

Gewonnen wird die Wahl von der Partei mit den meisten Stimmen. Die hat damit die meisten Abgeordneten im Bundestag – und stellt deswegen im Anschluss dann auch meistens den oder die Bundeskanzler:in.

Wenn eine Partei mehr als die Hälfte aller Stimmen bekommt, also mehr als alle anderen Parteien zusammen, spricht man von einer absoluten Mehrheit. Dann darf diese Partei nicht nur den oder die Kanzler:in stellen, sondern auch sämtliche Ministerien besetzen.

Das kommt aber superselten vor. Meist müssen mehrere Parteien beschließen zusammenzuarbeiten, um dann gemeinsam die Regierung zu bilden. Das nennt man dann eine „Regierungskoalition“. Koalition kommt aus dem Lateinischen und heißt so viel wie Zusammenschluss.

Der Bundestag wählt aber nicht nur die Regierung, sondern hat noch viele weitere wichtige Aufgaben: Er beschließt neue Gesetze, wirkt bei der Wahl zum Bundespräsidenten oder zur Bundespräsidentin mit, ernennt die Richterinnen und Richter des Bundesverfassungsgerichts und entscheidet über die Einsätze der Bundeswehr im Ausland.

WAS IST EINE OPPOSITION?

Die Parteien des Bundestags, die nicht an der Regierung beteiligt sind, bilden die Opposition. Das Wort kommt aus dem Lateinischen und bedeutet „das Entgegengesetzte“. Ihre Aufgabe ist es, die Arbeit der Regierung kritisch zu hinterfragen.

So ein Mitglied des Deutschen Bundestags hat also echt megaviel Verantwortung!

FRAGE gecheckt!

Der Bundestag trifft sich übrigens im Reichstagsgebäude. Reichstag? Moment mal, da war doch was, oder? Richtig, Leute, das ist genau dasselbe Gebäude, das 1933 angezündet wurde! Seit 1999 ist es fertig renoviert und unter dieser Glaskuppel da oben, im sogenannten Plenarsaal, trifft sich der Bundestag dann, um zu diskutieren, zu streiten und gemeinsam Politik zu machen.

Leider dürfen da wirklich nur die Bundestagsabgeordneten rein, ich konnte also nur zuschauen. Aber trotzdem war es für mich megaspannend und aufregend! Und deswegen gibt's jetzt zur Erholung für uns alle auch eine kleine Unterbrechung:

WAHLWERBUNG

WAHLWERBUNG ENDE

Hey, Leute! Willkommen zurück
bei der deutschen Demokratie und meiner großen Wahlparty!

Neben dem Bundestag gibt es noch eine weitere Gruppe an Politiker:innen, die auch eine fast genauso wichtige Aufgabe haben: den Bundesrat.

Was der Bundesrat macht und wieso es ihn überhaupt gibt?
Das check ich für euch!

Checker FRAGE

Was ist der Bundesrat?

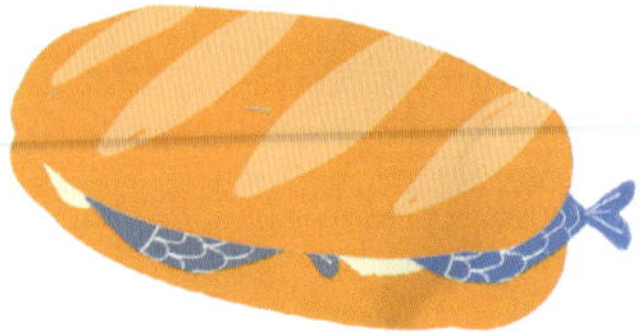

Deutschland ist ein sogenannter Bundesstaat, das heißt, dass sich mehrere kleinere Staaten zu einem großen Staat zusammengeschlossen haben. Diese Staaten sind also ein Bündnis miteinander eingegangen. In der Politik nennt sich so ein Zusammenschluss mehrerer kleinerer Staaten auch Föderalismus, was sich aus dem lateinischen Wort „foedus“ ableitet, was so viel wie „Bündnis“ oder „Vertrag“ bedeutet.

Im föderalen Deutschland heißen diese 16 kleineren Staaten „Bundesländer“, inklusive der drei kleinen „Stadtstaaten“ Berlin, Hamburg und Bremen. Und jedes dieser Bundesländer hat eine eigene Landesregierung unter der Führung eines Ministerpräsidenten oder einer Ministerpräsidentin.

Während die Bundesregierung über alle Sachen bestimmt, die ganz Deutschland gleichermaßen betreffen, haben die Bundesländer die Macht über viele Dinge, die vor allem nur das jeweilige Bundesland betreffen. Dazu gehören unter anderem die Organisation der Polizei oder auch die Schulpolitik. Berlin und Brandenburg haben zum Beispiel als einzige Bundesländer entschieden, dass die Grundschule bei ihnen bis zur 6. Klasse geht und nicht wie bei allen anderen bis zur 4. Klasse.

BUNDESLÄNDER-QUIZ

Könnt ihr alle Bundesländer zuordnen?

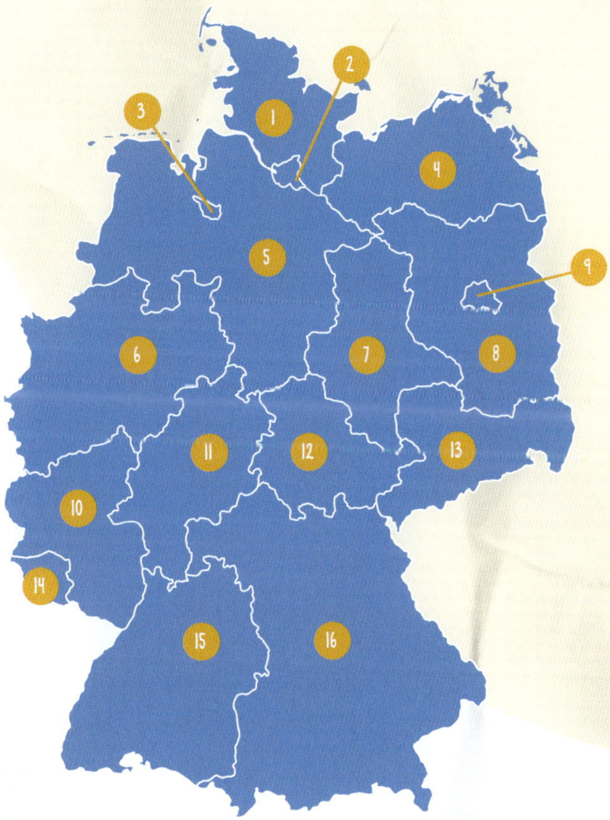

Viel Spaß beim Knobeln!

LÖSUNG: 15 Baden-Württemberg, 16 Bayern, 8 Brandenburg, 11 Hessen, 4 Mecklenburg-Vorpommern, 5 Niedersachsen, 6 Nordrhein-Westfalen, 10 Rheinland-Pfalz, 14 Saarland, 13 Sachsen, 7 Sachsen-Anhalt, 1 Schleswig-Holstein, 12 Thüringen, 9 Berlin, 2 Hamburg, 3 Bremen

Die Vertretung dieser Bundesländer, die nach Berlin geschickt werden, um dort mit der Bundesregierung und dem Bundestag gemeinsam Politik zu machen, nennt man Bundesrat. Wie viele Vertreter jedes einzelne Bundesland schicken darf, hängt von der jeweiligen Größe des Landes ab. Insgesamt sind es 69 Politikerinnen und Politiker, einschließlich der jeweiligen Ministerpräsident:innen.

Die Hauptaufgabe des Bundesrats besteht darin, die vielen Gesetze, die im Bundestag beschlossen werden, zu prüfen. Damit ein Gesetz also gültig werden kann, braucht es auch unbedingt die Zustimmung des Bundesrats. Ohne den geht nix in Deutschland. Ihr erinnert euch vielleicht an Kapitel 1: Gewaltenteilung und so.

FRAGE gecheckt!

Wie ihr euch vorstellen könnt, wird bei solchen Sitzungen oft stundenlang diskutiert – und manchmal auch ordentlich gestritten.

Und wenn sich der Bundestag und der Bundesrat einmal gar nicht einigen können, wird ein sogenannter Vermittlungsausschuss einberufen, der dann als eine Art Schiedsrichter auftritt. Er besteht aus jeweils 16 Mitgliedern des Bundestags und des Bundesrats und soll dann für eine gemeinsame Lösung sorgen, die alle akzeptieren können.

Ganz so heftig ging es bei unserer Großen Checker-Tobi-Wahl nicht zu – auch wenn die drei Kanidat:innen natürlich alles gegeben haben, um kurz vor Wahlbeginn ihre Wählerinnen und Wähler im Publikum noch einmal für ihre Partei zu begeistern. Was glaubt ihr, wer es am überzeugendsten geschafft hat?

Solche öffentlichen Reden und Streitgespräche nennt man auch „Debatten", und es gibt sie in verschiedener Form immer vor richtigen Wahlen. Sie gehören zu einem echten Wahlkampf einfach dazu.

Was das ist?
Das check ich für euch!

Checker FRAGE

Wie funktioniert ein Wahlkampf?

Beim Wahlkampf wird natürlich nicht mit Fäusten gegeneinander gekämpft. Höchstens mit Worten wie in einer Debatte.

Bei einem Wahlkampf geht es vielmehr darum, die Kandidatin oder den Kandidaten einer Partei sowie deren Ziele bekannt zu machen. Das klappt vor allem über Werbung, zum Beispiel in Fernsehen, Radio, Zeitung oder Internet. Und was jeder in den Straßen sehen kann, sind Wahlplakate. Sind euch vielleicht auch schon mal aufgefallen, und ihr habt euch gewundert, wieso plötzlich alle Straßen und Plätze damit zugepflastert sind.

Meist ist da ein einigermaßen sympathisches Foto der Kandidatin oder des Kandidaten drauf, der Name der Partei und ein kurzer, einprägsamer Spruch, der schnell klarmachen soll, wofür die Partei steht.

Der vielleicht wichtigste Teil eines Wahlkampfs ist aber der persönliche Kontakt zwischen einer Partei und ihren Wähler:innen. Dafür besuchen Politiker:innen die Wähler:innen zu Hause oder treffen sie auf der Straße an einem Wahlkampfstand. So was haben alle Parteien vor der Wahl, und meist stehen sie an belebten Plätzen, wo viele Leute vorbeikommen.

Dort kriegt man dann oft kleine Geschenke wie Kugelschreiber, Gummibärchen oder Luftballons – vor allem aber bekommt man Informationen, zum Beispiel über das Wahlprogramm der Partei.

Im Wahlprogramm stehen die Ziele der Partei, die sie nach der Wahl erreichen möchte, und ihr könnt euch echt super damit informieren, bevor ihr eure Stimme abgebt.

Leider wird bei so einem Wahlkampf aber nicht immer mit fairen Mitteln um Wähler:innenstimmen gekämpft. Oft wird zum Beispiel einfach nur versucht, die politischen Gegner schlechtzumachen, damit sie nicht gewählt werden. Oder es wird das Blaue vom Himmel versprochen, ohne zu sagen, wie das eigentlich umgesetzt werden soll.

Unsere drei Kandidat:innen von der großen Checker-Tobi-Wahl haben auch erst während der Debatte mit der Sprache rausgerückt, wo die ganzen langen Ferien und die viele Freizeit eigentlich herkommen sollen.

Jess wollte die Schüler ein Jahr länger in die Schule schicken, Willi alle Ferien außer im Sommer und an Weihnachten streichen und bei Anna hätte es überhaupt keine anderen Ferien außer den Sommerferien mehr gegeben.

Klingt schon ein wenig anders als in der Werbung, oder?

Manchmal stellen sich toll klingende Wahlversprechen nach einer Wahl auch als völliger Quatsch heraus. Solche falschen Versprechen haben in der Vergangenheit leider dafür gesorgt, dass manche Leute das Vertrauen in die Politik verloren haben und erst gar nicht mehr zu einer Wahl gehen.

Aber lasst euch gesagt sein, Leute: Nichtwählen hat echt noch nie auch nur das kleinste Problem gelöst. Denn dann ändert sich ja auf jeden Fall nix!

Ein Wahlkampf hilft also, die Partei bekannt zu machen. Aber letztlich ist es dabei wie mit jeder Werbung: Oft klingt es besser, als es ist. Deshalb ist es wichtig, sich möglichst gut und ausführlich zu informieren, bevor man die Wahl trifft.

FRAGE gecheckt!

Die Wähler:innen unserer Checker-Tobi-Wahl waren jedenfalls bestens informiert – und hatten richtig Bock, endlich ihre Stimme abzugeben.

Unsere Stimmzettel lagen bereit – und wie bei der echten Bundestagswahl auch, hatten alle Schüler:innen zwei Stimmen: die Erststimme für eine:n der Kandidat:innen, die Zweitstimme für eine Partei.

Die kann man übrigens immer auch unterschiedlich verteilen, zum Beispiel die Erststimme für Jess von der JFP und die Zweitstimme für die WWP. Das einzig Wichtige ist, dass tatsächlich in jeder Spalte nur ein Kreuz gemacht wird. Sonst wäre der Wahlzettel ungültig und würde nicht gezählt werden.

Dann ging es endlich los! Und sofort bildeten sich lange Schlangen vor unserem Wahllokal – so nennt man den Raum, in dem gewählt wird.

Wie in echt lief unsere Wahl nach streng demokratischen Regeln ab.

Was das für welche sind? Das check ich für euch!

Checker FRAGE

Wie wird demokratisch gewählt?

Wie bei den Erwachsenen auch hatten wir ein Wählerverzeichnis, wo alle Wahlberechtigten drinstehen. So kann niemand zweimal wählen. Jeder konnte sich frei entscheiden, Jess, Anna oder Willi zu wählen – oder keine Stimme abzugeben. Eine demokratische Wahl ist immer frei.

Damit man sich auch wirklich frei entscheiden und hinterher keiner Stress machen kann, wen man gewählt hat, ist die Wahl geheim. Das heißt: Jede und jeder wählt alleine in der Wahlkabine. Die Stimmzettel sind anonym, das heißt, man unterschreibt nicht und schreibt auch keinen Namen drauf. So weiß hinterher niemand, wer welche Stimme abgegeben hat.

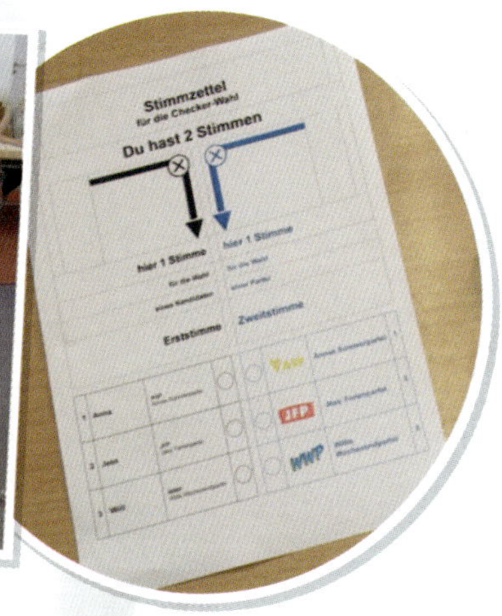

Eine demokratische Wahl ist außerdem auch noch gleich. Das heißt, sobald der Wahlzettel in der sogenannten Wahlurne versenkt ist, zählt jede Stimme gleich viel – egal ob Junge oder Mädchen, reich oder arm. Demokratische Wahlen sind also frei, geheim und gleich. Das ist superwichtig.

FRAUENWAHLRECHT

Obwohl Frauen schon immer ungefähr die Hälfte der Bevölkerung ausgemacht haben, durften sie lange Zeit nicht wählen. Das hat sich in Deutschland erst 1918 mit der Einführung des Frauenwahlrechts geändert.

Damit möglichst viele Menschen Zeit haben, finden Wahlen in Deutschland immer sonntags statt, wenn die wenigsten Menschen arbeiten müssen. Wer trotzdem keine Zeit am Wahltag hat, kann sich die Wahlunterlagen nach Hause schicken lassen, ausfüllen und dann zurückschicken. Das nennt sich „Briefwahl" und wird genauso gezählt wie die anderen Stimmen auch.

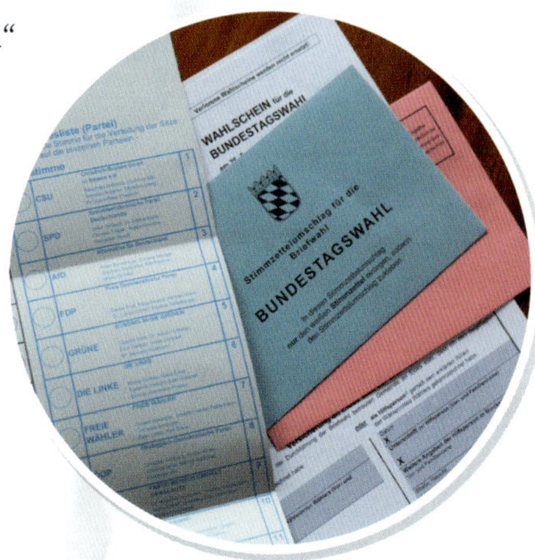

Bei unseren Checker-Tobi-Wahlen durften natürlich die Politiker:innen auch wählen. Als Hanna und ich als Letzte unsere Stimmen abgegeben hatten, war die Wahlurne voll – und wir konnten damit beginnen, die Stimmen auszuzählen.

Bei uns haben das Hanna und ich übernommen – bei echten Wahlen wie der Bundestagswahl machen das hunderttausende Wahlhelfer:innen in ganz Deutschland.

FRAGE gecheckt!

Wenn in Deutschland die Wahllokale schließen, was spätestens um 18.00 Uhr der Fall ist, geht nichts mehr. Dann heißt es nur noch: warten, warten, warten, bis – meist am Morgen nach der Wahl – alle Stimmen ausgezählt sind und die Gewinner feststehen.

Na, habt ihr euch entschieden, wem ihr eure Stimme geben würdet? Den superlangen Sommerferien von Anna? Oder den langen Wochenenden von Willi? Oder einfach Jess, bei der alle Ferien eine Woche länger wären?

Ich war echt gespannt, wie unsere Wahl ausgehen würde – und ich glaube, allen anderen ging es genauso, als Hanna das Ergebnis der Wahl verkündete. Also will ich euch nicht länger auf die Folter spannen: Die große Wahlsiegerin war Jess mit ihrer JFP!

Sowohl bei der Erst- als auch bei der Zweitstimme hatte sie eindeutig die Nase vorn! Da blieb den beiden anderen Kanidat:innen nichts anderes übrig, als neidlos ihre Niederlage anzuerkennen und fair zu gratulieren.

Aber immerhin wurden sie ja mit einigen Zweitstimmen gewählt und durften somit auch ein paar Parteimitglieder ins Checker-Parlament entsenden. Nur halt nicht ganz so viele …

Danach war bei allen die Erleichterung groß – und Party angesagt!

Und Leute, ich hätte echt nicht gedacht, dass Wahlen und Demokratie so viel Spaß machen können. Und ich hab kapiert, dass es nur klappt, wenn alle mitmachen: weil jede Stimme zählt.

CHECKER TOBIS WAHLPARTY-HUT!

Viele Menschen machen Wahlpartys zu Hause: Da gibt's dann am Wahltag neben guter Stimmung und Konfetti vor allem auch viel leckeres Essen.

Doch das Beste ist, Leute: Die Partys starten immer zu einer absolut kinderfreundlichen Zeit, nämlich spätestens um 18.00 Uhr, wenn im Fernsehen mit den ersten Wahlergebnissen zu rechnen ist.

Fragt doch mal eure Eltern, vielleicht haben sie ja Lust, das nächste Mal mit euch eine Wahlparty zu veranstalten. Dann seid ihr auf jeden Fall schon mal bestens ausgerüstet mit dem **Checker-Tobi-Wahlparty-Hut!** Funktioniert natürlich auch bei einem Geburtstag oder jeder anderen Party!

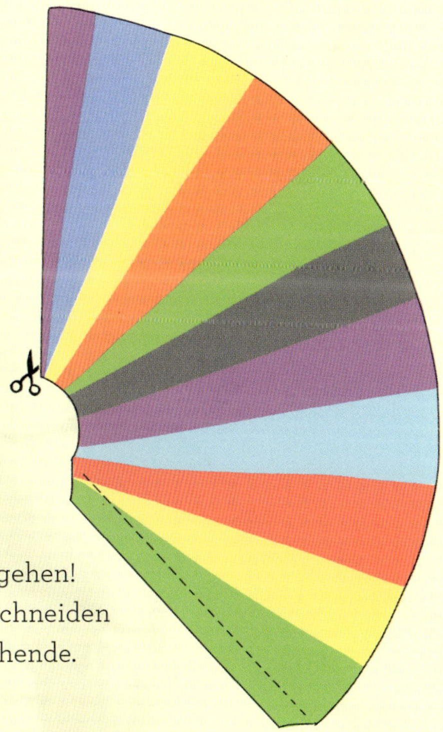

DU BRAUCHST:

- Schere
- Gummiband

... und schon kann es losgehen! Den Vordruck zum Ausschneiden findet ihr hinten am Buchende.

Viel Spaß!

KINDERRECHTE

Okay, Leute, ihr wisst jetzt, wo Demokratie herkommt, seit wann es sie gibt, was uns allen ohne sie blüht und wie sie heutzutage in Deutschland funktioniert. Jetzt müsst ihr eigentlich nur noch alt genug werden, um selbst wählen zu dürfen – also volljährig.

Das ist für die meisten von euch wahrscheinlich noch eine lange Zeit, und vielleicht fragt ihr euch deshalb: Und wir? Was ist mit uns?

Keine Bange, an euch wurde gedacht! Im Jahre 1959 haben die Vereinten Nationen in ihrer „Erklärung der Rechte des Kindes“ festgestellt, dass Kinder etwas ganz Besonderes sind: Sie brauchen auf ihre Bedürfnisse abgestimmte Rechte und im Vergleich zu Erwachsenen zusätzlichen Schutz. Deswegen haben die Vereinten Nationen die Kinderrechtskonvention geschaffen, die schließlich am 20. November 1989 verabschiedet wurde.

Die Kinderrechtskonvention stützt sich auf vier Grundprinzipien, also Grundsätze, aus denen sich dann viele andere, speziellere Rechte ergeben. Das erste Grundprinzip ist das **NICHTDISKRIMINIERUNGSGEBOT.** Das bedeutet, dass kein Kind benachteiligt oder ausgeschlossen werden darf und dass jedes Kind dieselben Rechte besitzt – unabhängig von seiner Sprache, Religion oder Hautfarbe, egal ob Junge oder Mädchen, ob mit Behinderung oder ohne.

Das klingt erst mal total cool – und irgendwie ja auch logisch.

Im Alltag ist das aber oft gar nicht so einfach umzusetzen. Deshalb wird das Thema Inklusion immer wieder diskutiert.

Was das eigentlich ist?
Das check ich für euch!

Checker FRAGE

Was bedeutet Inklusion?

Das Wort „Inklusion“ kommt vom lateinischen Begriff „includere“ und bedeutet „einbeziehen“ oder auch „einschließen“. Das Gegenteil wäre „Exklusion“, also jemanden aus einer Gruppe auszuschließen. Beim Thema Inklusion geht es darum, dass alle Menschen die Möglichkeit haben, ohne Benachteiligung am gesellschaftlichen Leben teilzunehmen und so akzeptiert zu werden, wie sie sind.

Zum Beispiel in der Schule. Dort sollen behinderte Kinder wie alle anderen Kinder am Unterricht teilnehmen können. Sie sollen keinen Extraunterricht bekommen oder an eigene Schulen gehen müssen, sondern mit allen Schülerinnen und Schülern gemeinsam lernen. Das ist auf jeden Fall schon mal ein cooles Ziel. Oder, Leute?

Und das lohnt sich auch! Jede Menge Studien zeigen nämlich, dass gemeinsames Lernen allen Kindern guttut – egal ob sie besonders förderungsbedürftig sind oder nicht. Nicht nur die Leistung der Kinder wird besser. Es werden auch soziale Fähigkeiten wie Hilfsbereitschaft und Toleranz gefördert, also andere Menschen so zu akzeptieren, wie sie sind.

Leider hapert es dennoch an einigen Stellen an der Umsetzung. Manche Eltern befürchten zum Beispiel, dass ihre Kinder dann vielleicht mit dem Schulstoff nicht so schnell vorankämen, wie sie eigentlich könnten – und deshalb womöglich Nachteile haben. Oder es fehlen – wie so oft – schlicht und ergreifend die nötigen Gelder, um Schulen inklusionsgerecht umzubauen, etwa durch Aufzüge, Rampen oder spezielle Therapiemöbel.

Außerdem brauchen diese Schulen mehr Lehrkräfte als Schulen ohne inklusiven Unterricht. Denn um jedem Schüler und jeder Schülerin gerecht zu werden, unterrichten häufig zwei Lehrkräfte plus Sonderpädagog:innen parallel in einer Inklusionsklasse. Das bedeutet natürlich zusätzliche Arbeitsstellen und damit auch höhere Kosten.

Auch deshalb wird es wohl leider noch viele Jahre dauern, bis das gemeinsame Lernen die Regel und nicht mehr die Ausnahme ist. Wobei das Thema Inklusion natürlich nicht nur auf die Schule oder auf körperliche und geistige Einschränkungen festgelegt ist, sondern eigentlich jeden Menschen immer und überall betrifft.

Vom Sportverein bis zur Busfahrt im öffentlichen Nahverkehr, von der Schule bis zum Museum: Wir alle wollen gleich behandelt werden und haben auch das Recht darauf – auch oder gerade weil wir alle unterschiedlich sind! Wäre ja auch langweilig, wenn es anders wäre. Schließlich macht unsere Einzigartigkeit das Leben erst so spannend und abwechslungsreich.

Das zweite Grundprinzip der Kinderrechtskonvention ist das **RECHT AUF LEBEN UND ENTWICKLUNG.** Darin eingeschlossen sind zum Beispiel das Recht auf gewaltfreie Erziehung oder das Recht auf Bildung. Das heißt also, dass jedes Kind ein Recht hat, zur Schule zu gehen.

Hä? Was? Recht auf Schule?! Spinnt Tobi jetzt etwa? Das ist doch wohl ein Zwang!

Ja – und nein. Ich verstehe schon, dass vielleicht manche von euch liebend gerne auf dieses Recht verzichten würden, besonders wenn es um Hausaufgaben oder ums frühe Aufstehen geht. Ging mir früher ja ganz genauso.

Hier bin ich übrigens am Tag meiner Einschulung.

Und es stimmt ja auch: Ihr müsst in die Schule. Es gibt die sogenannte Schulpflicht. Die gibt es aber nicht, um Kinder zu ärgern, sondern die kommt daher, dass das Kinderleben früher noch ganz anders aussah.

Früher betrachtete man Kinder nämlich eher als kleine Erwachsene. Kinder kleideten sich so, verhielten sich so und hielten sich die meiste Zeit dort auf, wo die Erwachsenen waren. Also zum Beispiel in den Fabriken oder auf den Feldern.

Kein Wunder also, dass Kinder schon sehr früh anfangen mussten, mitzuhelfen und schwere Arbeiten zu erledigen.

Dass Kinder aber vielleicht besser in der Schule aufgehoben sind als in Fabriken, auf der Straße oder in Kneipen, dämmerte den Leuten erst vor über 200 Jahren im sogenannten Zeitalter der Aufklärung.

Trotzdem dauerte es noch etwa 100 Jahre, bis im Jahr 1919 in Deutschland die bis heute gültige „allgemeine Schulpflicht“ eingeführt wurde, damit alle Kinder lesen und schreiben lernten, anstatt in Fabriken, Minen oder auf Feldern schuften zu müssen.

Und Leute, jetzt mal ehrlich: Sein Leben lang nicht rechnen, lesen und schreiben zu können, wäre doch auch nicht so cool, oder?

Es heißt also nicht nur: Jedes Kind muss zur Schule. Es heißt auch: Jedes Kind darf zur Schule. In Deutschland und vielen anderen Ländern ist Kinderarbeit verboten – dass ihr nicht in die Schule gehen könnt, weil ihr arbeiten müsst, gibt es bei uns daher zum Glück nicht mehr. Die öffentlichen Schulen müssen in Deutschland sogar kostenlos sein!

Dennoch gibt es leider sehr viele Kinder, auch in einer Demokratie wie in Deutschland, deren Familien Geldsorgen haben. Zum Beispiel, weil die Eltern keine Arbeit finden, nur sehr wenig verdienen oder in einer sehr teuren Stadt wie Hamburg oder München leben. Es kann ganz verschiedene Ursachen haben.

Als reich gilt übrigens in Deutschland, wenn man als vierköpfige Familie über 7000 Euro pro Monat zur Verfügung hat. Umgekehrt gilt eine Familie als arm, wenn sie weniger als 2500 Euro hat.

Deutschland gilt als Sozialstaat, der gerade im Vergleich mit anderen Ländern echt viel für seine Bürger:innen tut. Und trotzdem gibt es ganz viele Fälle, wo die Menschen am Ende des Monats noch nicht mal wissen, wie sie etwas zu essen bekommen sollen – von Urlaubsreisen oder so ganz zu schweigen.

Damit trotzdem möglichst niemand hungern muss, gibt es zum Glück in Deutschland „Die Tafel“. Was – etwa schon wieder Schule?!?! Nein, nein, keine Bange: „Die Tafel“ ist etwas ganz anderes.

Was genau?
Das check ich für euch!

Checker FRAGE?

Was ist „Die Tafel“?

„Die Tafel“ ist eine deutschlandweite gemeinnützige Organisation, die Essen sammelt und an bedürftige Menschen weitergibt. Und um zu checken, wie die das genau macht, habe ich Reinhard getroffen, den Leiter der Regensburger Tafel.

Mit dem LKW ging es los zu verschiedenen Supermärkten. Am Hintereingang stapelten sich schon zahlreiche Lebensmittel, die nicht mehr verkauft und deshalb weggeschmissen werden würden.

Warum? Weil sie kurz davor waren, das „Mindesthaltbarkeitsdatum", kurz MHD, zu überschreiten. Dieses Datum steht auf jeder Packung und garantiert den Zeitpunkt, zu dem mit dem Lebensmittel auf jeden Fall noch alles in Ordnung ist. Das heißt aber überhaupt nicht, dass es danach nicht mehr in Ordnung ist – im Gegenteil: Das meiste könnt ihr auch noch bedenkenlos ein bis zwei Wochen später essen. Es darf aber eben nicht mehr verkauft werden und wird dann oft weggeschmissen.

Aber zum Glück sammeln Menschen wie Reinhard diese Lebensmittel ein, um sie in den Laden der Tafel zu bringen und dort an bedürftige Menschen zu verteilen: von Supermärkten, Fleischereien oder auch Bäckereien.

Und es war echt total krass, Leute, wie viel sich da bei unserer Tour angesammelt hat! Der Laden der Regensburger Tafel war jedenfalls danach echt gut bestückt. Wie ein echter Supermarkt eben.

Einmal die Woche hat der Laden der Tafel auf – und wie in einem echten Supermarkt auch, kamen, sobald die Türen geöffnet waren, wirklich alle möglichen Leute: Arbeitslose, Studierende, Alleinerziehende, Großfamilien, Geflüchtete oder alte Menschen mit kleiner Rente. Bedürftige, die bei der Tafel einkaufen dürfen, bezahlen nur einen symbolischen Euro. Dafür können sie dann so viel mitnehmen, wie sie brauchen.

Meistens reicht das zwar nicht für eine ganze Woche, aber so müssen sie an den anderen Tagen in normalen Supermärkten viel weniger kaufen. Die Tafeln helfen damit also nicht nur armen Menschen in Not, sondern retten auch noch Lebensmittel, die ansonsten im Müll gelandet wären.

FRAGE gecheckt!

Super Sache, oder?

Das in der Kinderrechtskonvention festgeschriebene Recht auf Leben und Entwicklung bedeutet aber natürlich nicht nur Bildung in der Schule. Bildung findet auch statt, wenn ihr euch mit Freunden austauscht, ein Instrument lernt, einen Sportverein besucht, euch ausprobiert – also insgesamt jede Menge Erfahrungen sammelt.

Deswegen haben Kinder laut der Kinderrechtskonvention auch das Recht auf Spiel und Freizeit! Bildung bedeutet aber sogar noch mehr, nämlich auch Meinungsbildung. Und damit sind wir beim **dritten Grundprinzip der Kinderrechtskonvention** angelangt: dem **BETEILIGUNGSRECHT.**

Damit ist gemeint, dass jedes Kind das Recht hat, sich eine Meinung zu bilden – und diese dann auch in Wort, Schrift oder Bild frei zu äußern, ohne eine Strafe fürchten zu müssen. Ein sehr bekanntes Beispiel ist „Fridays for Future“.

Vielleicht haben ja einige von euch sogar selbst schon mal dort mitdemonstriert und dabei ihre Meinung lauthals kundgetan.

Aber was ist das eigentlich genau – eine Meinung? Das check ich für euch!

Checker FRAGE

Was ist eine Meinung (und was nicht)?

Erst einmal ist es ja total cool und total wichtig, dass in einer Demokratie jeder Mensch sagen kann, was er oder sie denkt. Trotzdem ist nicht alles, was jemand in die Welt hinausposaunt, auch eine Meinung. Es gibt nämlich einen Unterschied zwischen einer Meinung und einer Tatsachenbehauptung.

Dieser Unterschied ist eigentlich ganz einfach: Bei einer Tatsachenbehauptung kann man checken, ob sie wahr oder falsch ist. Wenn ihr zum Beispiel sagen würdet: „Checker Tobi hat Hörner“, kann man das ganz leicht nachprüfen – und als Quatsch entlarven. Ich habe einfach keine Hörner.

Eine Meinung ist hingegen niemals falsch oder richtig. Sie ist nicht beweisbar und kann einem höchstens gefallen oder nicht gefallen. Wenn ihr sagen würdet: „Ich finde Checker Tobi doof!“, wäre das völlig okay. Denn das ist eure Meinung, die kann man teilen, oder man kann eben auch anderer Meinung sein.

Die Unterscheidung zwischen Meinung und Tatsachenbehauptung ist also eigentlich relativ einfach – und macht trotzdem im Alltag immer wieder Probleme. Vor allem, wenn es um Nachrichten geht.

Die Meinungsfreiheit gilt nämlich auch für die Presse – und zwar für alle Medien, egal ob Internet, Zeitungsartikel, Fernsehen oder Radio. Das wird durch die sogenannte Pressefreiheit festgelegt. Die soll garantieren, dass in einer Demokratie niemand die Medien kontrollieren und für eigene Zwecke missbrauchen kann.

ZENSUR

Das Gegenteil von Pressefreiheit nennt sich „Zensur“. Dabei wird erst der Inhalt vom Staat geprüft, bevor er veröffentlicht werden darf. So will der Staat verhindern, dass etwas erscheint, was nicht seiner Meinung entspricht. Zensur gab es früher in Deutschland unter Hitler und in der DDR. Heutzutage gibt es sie leider in vielen Ländern, unter anderem in der Türkei, China und Russland.

In den letzten Jahren sind aber immer mehr Falschmeldungen aufgetaucht, sogenannte Fake News. Vor allem in sozialen Netzwerken wie Facebook, Instagram, Twitter oder Tiktok. Denn da kann einfach jeder eine Nachricht oder eben eine Meinung verbreiten – und niemand prüft, ob sie wahr ist oder falsch.

Oft sind solche Falschnachrichten nur schlecht von echten Nachrichten zu unterscheiden: Sie sehen aus wie echt, behaupten aber irgendeinen Quatsch, um anderen zu schaden oder sich selbst besser dastehen zu lassen.

In der Öffentlichkeit bewusst falsche Tatsachen zu behaupten, also zu lügen, ist nicht nur doof und gemein, sondern in vielen Fällen auch verboten – selbst wenn es sich nur um eine Meinung handelt.

Auch die Meinungsfreiheit hat ihre Grenzen, nämlich dort, wo der Schutz eines Mitmenschen anfängt. Denn jeder Mensch besitzt ein „Recht auf persönliche Ehre" und dieses darf nicht verletzt werden. Oder anders ausgedrückt:

Ihr dürft niemanden beleidigen oder diskriminieren, keine Lügengeschichten über jemanden erzählen und auch nicht zur Gewalt aufrufen. So etwas ist auch in einer so offenen Demokratie wie in Deutschland in jeder Form verboten.

FRAGE gecheckt!

Und das ist auch gut so.

Das vierte und letzte Grundprinzip der Kinderrechtskonvention ist der sogenannte **VORRANG DES KINDESWOHLS.** Vereinfacht formuliert müssen Politiker:innen bei allen Entscheidungen zuerst an die Kinder denken, sobald ein Thema Kinder betrifft.

Inzwischen wurde die Kinderrechtskonvention der Vereinten Nationen tatsächlich von fast allen Ländern unterzeichnet und ist damit die am meisten unterzeichnete Konvention der Welt! Es fehlt nur noch ein einziges Land! Könnt ihr erraten, welches? Ganz ehrlich, ich wäre nicht drauf gekommen. Es handelt sich nämlich um – Überraschung! – die USA! Krass, oder?

Auf der einen Seite fürchten dort manche Politikerinnen und Politiker, dass Kinder für ihre Rechte vors Gericht ziehen könnten oder dass die Rechte der Eltern eingeschränkt werden könnten. Und teilweise verstoßen die Kinderrechte sogar gegen bestehende Gesetze: In manchen amerikanischen Bundesstaaten können Minderjährige nämlich lebenslang eingesperrt werden, wenn sie eine Straftat begangen haben. Und bisher ist es Eltern in keinem einzigen amerikanischen Bundesstaat verboten, ihre Kinder zu schlagen! Schlimm, oder?

Aber die USA sind nicht das einzige Land, in dem es bei der Umsetzung der Kinderrechtskonvention noch reichlich Arbeit gibt. Besonders in undemokratisch geführten oder auch sehr armen Ländern haben Kinder nicht sonderlich viele Rechte, müssen für winzige Löhne in Fabriken schuften, wachsen in bitterer Armut auf oder müssen sogar in Kriegen kämpfen!

Für Kinder in Deutschland ist die Lage also vergleichsweise echt ganz okay. Und weltweit hat sich die Situation – trotz aller bestehenden Probleme – im Vergleich zu früher schon stark verbessert. Und das ist megacool!

Trotzdem bleibt noch eine Menge zu tun, damit die bestehenden Kinderrechte weltweit geachtet werden und danach gehandelt wird.

Warum es dabei besonders auf euch ankommt – und was ihr schon heute dafür tun könnt, verrate ich euch im letzten Kapitel.

KINDERRECHTE

Die Kinderrechtskonvention beruht auf den vier Grundprinzipien. Daraus ergeben sich insgesamt 54 Artikel, in denen die Kinderrechte festgehalten sind.

Hier sind die wichtigsten für euch zusammengefasst.

Gesundheit

Alle Kinder haben das Recht, gesund zu leben, Geborgenheit zu finden und keine Not zu leiden.

Gleichheit

Alle Kinder haben die gleichen Rechte: Kein Kind darf benachteiligt werden.

Bildung

Kinder haben das Recht, zu lernen und eine Ausbildung zu machen, die ihren Bedürfnissen und Fähigkeiten entspricht.

Familie

Kinder haben das Recht, bei ihren Eltern zu leben und von ihren Eltern gut betreut zu werden.

Mitbestimmung

Kinder haben das Recht, sich bei allen Fragen, die sie betreffen, zu informieren, mitzubestimmen und zu sagen, was sie denken.

Spiel und Freizeit

Kinder haben das Recht, zu spielen, sich zu erholen und künstlerisch tätig zu sein.

Privatleben

Kinder haben das Recht, dass ihr Privatleben und ihre Würde geachtet werden.

Schutz vor Gewalt

Kinder haben das Recht auf Schutz vor Gewalt, Missbrauch und Ausbeutung.

Kinder mit Behinderungen

Kinder mit Behinderungen haben das Recht auf besondere Fürsorge und Förderung, damit sie aktiv am Leben teilnehmen können.

Schutz vor Krieg

Kinder haben das Recht, im Krieg und auf der Flucht besonders geschützt zu werden.

MIT CHECKER TOBI BLINDENSCHRIFT LESEN

Damit blinde Menschen lesen können, gibt es die „Brailleschrift“, erfunden vom Franzosen Louis Braille. Sie funktioniert mit nur sechs Punkten, die je nach Buchstabe teilweise hervorgehobenen sind. So lassen sich alle Buchstaben ertasten – und mit ein wenig Übung genauso schnell lesen wie jede andere Schrift.

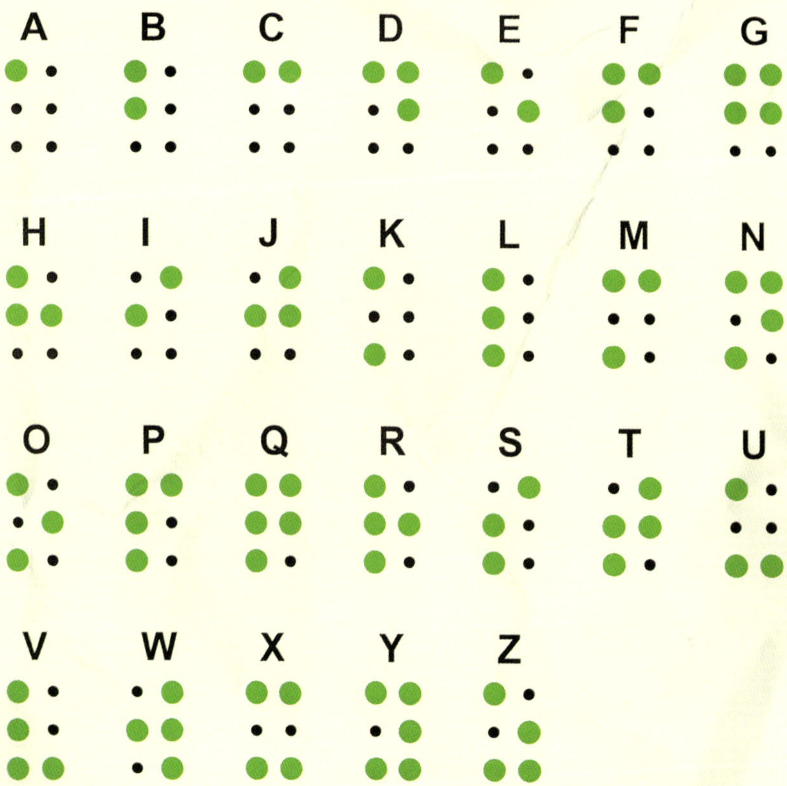

Könnt ihr entziffern, was Roberta und ich euch aufgeschrieben haben?

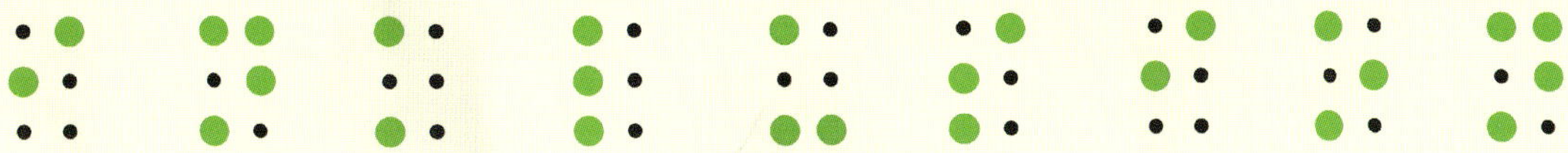

Viel Spaß beim Rätseln!

LÖSUNG: Inklusion

DEMOKRATIE UND DU

Demokratie funktioniert nur, wenn alle mitmachen. Die Frage ist aber natürlich: wie und wo? Stellt euch mal vor, Leute, es gäbe eine Welt, in der ihr Politiker:in sein dürftet. In der ihr zum Beispiel als Teil eines Gemeinderates in eurem Ort die Politik bestimmen dürftet. Oder ihr dort sogar der oder die gewählte Bürgermeister:in wärt! Ihr dürftet Pläne machen, Abstimmungen durchführen und würdet entscheiden, was mit den Geldern eures Ortes passiert.

Geht nicht? Gibt's nicht? Von wegen!
In einer Kinderstadt gibt es so was! Kinderstädte sind eine etwas andere Art der Ferienbetreuung und finden meist alle zwei Jahre mehrere Wochen während der Sommerferien in ganz Deutschland statt.

Ihr könnt dort Politik machen, zur Feuerwehr gehen, Bäcker:in werden, die Müllabfuhr verantworten, studieren und vieles mehr. Klar, es gibt auch ein paar Erwachsene, die auf euch aufpassen, aber ansonsten bestimmen dort die Kinder, wie es in dieser Stadt läuft.

Die erste Kinderstadt dieser Art wurde vor über 40 Jahren in München gegründet: Mini-München. Bis zu 2500 Kinder nahmen das letzte Mal daran pro Tag teil. Damit ist es inzwischen nicht nur das größte Ferienprogramm der Stadt, sondern auch das Vorbild für über 300 weitere Kinderstädte im In- und Ausland. Cool, ne?

Checkt das doch mal aus – vielleicht gibt es das ja auch in eurer Nähe.

Vielleicht sagen jetzt einige von euch: „Okay, Tobi, das ist aber nur ein Spiel. Wir wollen das in echt! Wir wollen wirklich mitentscheiden und bestimmen. Das geht nicht, oder?“

Dann würde ich sagen: „Das check ich für euch!“

Checker FRAGE

Wo können Kinder die Politik mitbestimmen?

In der kleinen italienischen Stadt Aulla gab es 1994 ein Aufsehen erregendes Experiment: nämlich einen echten Kinderbürgermeister, gewählt von einem echten 30-köpfigen Kinderparlament! Die minderjährigen Stadträte hatten Mitspracherechte bei allen Projekten, die die Erwachsenen planten. Und der Juniorbürgermeister durfte 50.000 Euro für Umweltschutzprojekte, Kultur oder Sport einsetzen. Megacool, oder?

Doch man muss nicht bis nach Italien gehen, um Kinderbürgermeister:innen zu erleben – in manchen Ortschaften gibt es das inzwischen nämlich auch in Deutschland! Zum Beispiel in Soltau, im sächsischen Thalheim oder auch im Ort Bramsche in Niedersachsen.

Seit 2014 wird in Bramsche von den Kindern alle zwei Jahre ein Kinderbürgermeister oder eine Kinderbürgermeisterin mitsamt Stellvertreter:in gewählt, die dann gemeinsam die Möglichkeit haben, auf die politische Gestaltung der Stadt Einfluss zu nehmen. Unter Leitung der Kinderbürgermeister:innen wurde zum Beispiel schon ein eigener Stadtplan für Kinder erstellt oder auch ein großer örtlicher Spielplatz inklusiv umgestaltet.

Für dieses Engagement wurde die Stadt Bramsche bereits zweimal mit dem Kinder- und Jugendpreis des Deutschen Kinderhilfswerkes ausgezeichnet. Find ich megacool – und das sollten sich viel, viel mehr Städte und Gemeinden als Vorbild nehmen!

Wer in einer der Städte mit Kinderbürgermeister:in wohnt, hat natürlich Glück. Aber auch für alle anderen gibt es noch eine weitere Möglichkeit, an ihrem Ort politisch aktiv zu sein: nämlich durch ein Kinder- und Jugendparlament.

In ganz Deutschland engagieren sich bereits über 30.000 junge Menschen in mehr als 500 Kinder- und Jugendparlamenten für ihre Gemeinden und behandeln dabei Fragen, die Kinder betreffen: Schulhofgestaltungen, der Bau von Radwegen oder auch neue Geräte für Spielplätze und Freizeitanlagen.

Die Bundesregierung hat inzwischen auch erkannt, dass Kinder und Jugendliche stärker in die Demokratie eingebunden werden müssen, und hat deswegen die „Akademie für Kinder- und Jugendparlamente" ins Leben gerufen. Die soll dafür sorgen, dass sich die bestehenden Parlamente besser vernetzen und sich ihre Zahl bis zum Jahr 2024 verdoppelt.

FRAGE gecheckt!

Checkt doch einfach mal die Homepage der Akademie „kijupa.adb.de". Dort erfahrt ihr noch viel mehr über eure Mitgestaltungsmöglichkeiten – und vielleicht gibt es ja auch ein Kinder- und Jugendparlament in eurer Nähe.

Um demokratisch mitzubestimmen, müsst ihr aber nicht unbedingt in die Politik gehen – ihr könnt euch auch anders engagieren, vielleicht sogar an Orten, an die ihr zuerst gar nicht denkt, zum Beispiel beim Ballett, beim Fußball, im Kirchenchor oder auch beim Musizieren.

Die Rede ist von Vereinen. Ein Verein ist wirklich super, um ein demokratisches Miteinander zu üben – und die Deutschen sind echte Vereinsfans: Fast jeder Zweite ist irgendwo Mitglied!

Vereine leben davon, dass sich ihre Mitglieder engagieren, und sie sind traditionell demokratisch aufgebaut: Es gibt eine Satzung, also eine Art Grundgesetz, in der geregelt ist, wie der Verein funktioniert. Jedes Mitglied hat auch das Recht, Anträge jeder Art in der Mitgliederversammlung zu stellen. Über die muss dann diskutiert und abgestimmt werden. Und es finden Wahlen statt, bei denen verschiedenste Ämter vergeben werden: vom Kassenwart, der für die Finanzen zuständig ist, bis zum Vorstand, der den Verein leitet. Aber das Beste ist: In einem Verein ist es völlig schnuppe, wo du herkommst und wie viel Geld oder welche Religion du hast. Dort zählt vor allem die Liebe zum gemeinsamen Hobby.

Eine weitere Möglichkeit, Demokratie zu erleben und aktiv zu gestalten, ist – ob ihr's glaubt oder nicht – die Schule! Ja, ehrlich! Und damit meine ich jetzt nicht nur die Klassensprecher:innenwahl, die ihr bestimmt alle kennt.

Welche Möglichkeiten es dort sonst noch gibt? Das check ich für euch!

Klar, ihr könnt jetzt nicht bestimmen, was ihr lernen müsst oder welche Fragen in der nächsten Klassenarbeit drankommen, aber trotzdem könnt ihr auch an einer Schule jede Menge mitgestalten.

Checker FRAGE

Wie funktioniert Demokratie in der Schule?

Zuallererst muss da die SMV genannt werden, die Schüler:innenMitVerantwortung. Die SMV vertritt die Interessen aller Schüler:innen gegenüber der Schulleitung, den Lehrkräften und auch den Vertreter:innen der Eltern, dem sogenannten Elternbeirat. Du hast durch die Mitarbeit in der SMV die Chance, den Schulalltag abwechslungsreicher und für dich selbst wertvoller zu machen.

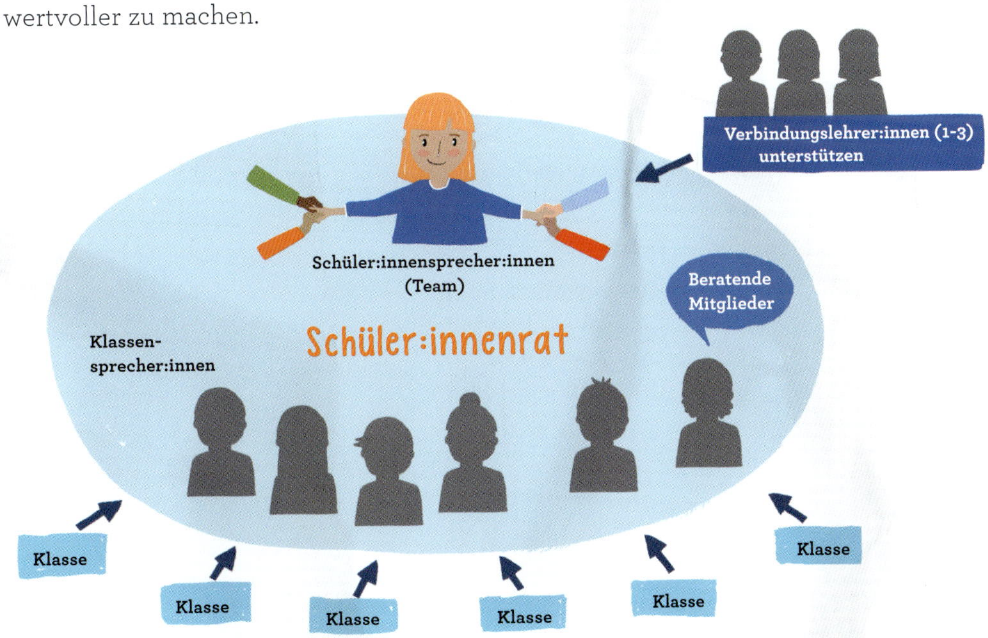

Das gilt übrigens nicht nur für die Klassensprecher:innen, die meist automatisch dabei sind, sondern für alle Schüler:innen. Jede und jeder kann da mitmachen, die eigene Stimme einbringen und auf Entscheidungen innerhalb der Schule Einfluss ausüben. Die Klassensprecher:innen bilden dabei innerhalb der SMV oft noch ein eigene kleine Gruppe: den Schüler:innenrat, den es an vielen Schulen gibt.

Der Schüler:innenrat wählt zu Beginn eines jedes Schuljahres den oder die Schüler:innensprecher:in, wenn es die SMV-Satzung der Schule nicht anders vorsieht. Zusätzlich dürfen die Mitglieder des Schüler:innenrats an manchen Lehrer:innenkonferenzen teilnehmen und wählen den oder die Vertrauenslehrer:in der Schule, also die Lehrkräfte, an die ihr Schüler:innen euch bei Problemen wenden könnt.

Grundsätzlich ist ein Schüler:innenrat also zuständig für alle Fragen und Angelegenheiten der SMV, tauscht sich aber auch regelmäßig mit der Schulleitung über alle wichtigen schulischen Angelegenheiten aus.

Manche Schulen gehen in ihrem Demokratieverständnis aber sogar noch weiter, zum Beispiel die Pestalozzi-Realschule in Freiburg. Einmal im Monat, am sogenannten Smartphone-Tag, dürfen dort alle Schüler:innen das Handy im Unterricht benutzen. Die Lehrkräfte sind sogar verpflichtet, es in ihren Unterricht einzubauen! Warum? Weil es sich die Schüler:innen so ausgedacht haben. An dieser Schule bestimmen nämlich alle Schüler:innen die Regeln mit, die in der Schule gelten!

Und das funktioniert so: Alle Schüler:innen haben die App „Aula“ auf ihren Handys oder Computern installiert. Dort können sie Vorschläge einbringen, darüber abstimmen und sie kommentieren. Und wenn mehr als die Hälfte aller Schüler:innen für eine Idee stimmt, kann sie umgesetzt werden und alle müssen sich dran halten. Cool, oder?

Das wollte ich natürlich sofort ausprobieren und habe mit einigen Schüler:innen zwei Ideen vorgestellt: ein Haustier für jede Klasse und regelmäßige Minikonzerte auf dem Schulhof.

Diese beiden Ideen haben wir in die App eingestellt, mit Plakaten dafür geworben, gemeinsam mit den Schüler:innen diskutiert und Verbesserungsvorschläge eingearbeitet – und sie dann schließlich der letzten Hürde präsentiert: dem Schuldirektor.

Dieser kann die Vorschläge nicht einfach verbieten, wenn sie ihm nicht gefallen. Aber er hat geprüft, ob sie gegen die Schulordnung verstoßen. Also im Prinzip so, wie das Bundesverfassungsgericht bei neuen Gesetzen checkt, ob sie gegen das Grundgesetz verstoßen.

Die „Klassentiere" haben es leider nicht geschafft, aber zumindest bei den Minikonzerten sah unser Direktor keine Probleme und sie wurden zur Abstimmung freigegeben.

Zum Abschluss haben wir noch eine kleine Kostprobe organisiert, wie so ein Mini-Konzert aussehen und sich anfühlen kann. Es war toll zu sehen, was man alles gemeinsam erreichen kann, wenn alle mitmachen – auch oder gerade an einer Schule.

Aber selbst wenn ihr nicht an einer Schule seid, wo ihr die Regeln mitbestimmen könnt, habt ihr trotzdem immer die Möglichkeit, das schulische Leben mitzugestalten: bei Schulprojekten, im Schulchor, im Schulorchester, in der Theater-AG oder als Redakteur:in bei einer Schülerzeitung.

FRAGE gecheckt!

Probiert es doch einfach mal aus! Ihr werdet feststellen: Ihr könnt viel mehr auf die Beine stellen, als ihr glaubt.

Das gilt übrigens nicht nur für eure Schule, sondern auch bei euch zu Hause in eurer Familie! Denn auch da leben ja völlig unterschiedliche Menschen zusammen.

Auch oder gerade weil ihr euch in einer Familie besonders gut kennt und superviel Zeit miteinander verbringt, knallt es da manchmal. Das gilt natürlich für Geschwisterstreit, aber eben auch für Konflikte mit euren Eltern.

Ist ja auch kein Wunder – tagtäglich müssen Entscheidungen getroffen und Fragen beantwortet werden: Was gibt es zu essen? Wer räumt den Tisch ab? Was machen wir am Wochenende? Wohin fahren wir in den Urlaub?

Manchmal lassen sich dabei Meinungsverschiedenheiten nicht vermeiden: Papa ist genervt, weil ihr die Spülmaschine noch nicht ausgeräumt habt, Mama ist sauer, weil ihr schon wieder am Handy spielt, und ihr könnt die ewigen Nörgeleien nicht mehr hören …

Eine gute Möglichkeit, so etwas nicht in einem riesigen Familienstreit enden zu lassen, bietet euch die Demokratie: in Form einer Familienkonferenz.

Was das ist und wie das funktioniert?
Das check ich für euch!

Checker FRAGE

Was ist eine Familienkonferenz?

Eine Familienkonferenz ist dafür da, wichtige Themen zu besprechen, die einem am Herzen liegen oder auch alle Familienmitglieder betreffen. Dafür legt ihr als Familie am besten gemeinsam einen regelmäßigen Termin fest, zum Beispiel einmal in der Woche oder einmal im Monat.

Dieser Termin soll im Kalender oder an einer Pinnwand für alle gut sichtbar eingetragen werden, damit sich alle darauf vorbereiten können und ihn niemand vergisst.

Vor der Konferenz werden die Tagesordnungspunkte gesammelt. Jede Person kann Punkte einbringen, über die sie gerne reden möchte. Thema kann eigentlich alles sein: vom Wunsch, das eigene Zimmer neonfarben zu streichen, über die Verteilung der Hausarbeit oder das neue Haustier bis zur Wahl des Urlaubsziels.

Am vereinbarten Termin treffen sich dann alle – und dann geht's los. Eine der wichtigsten Regeln lautet dabei: Handys aus. Denn in dieser Zeit sollten alle sich miteinander beschäftigen – und nicht mit anderen Sachen.

Dann übernimmt eine Person als Gesprächsleitung die Führung der Runde. Sie achtet darauf, dass ihr auch über die Tagespunkte sprecht und nicht über irgendeinen anderen Kram und dass die Gesprächsregeln eingehalten werden, zum Beispiel ruhig zu reden oder die anderen ausreden zu lassen.

Beim ersten Mal macht es Sinn, dass eure Mutter oder euer Vater die Gesprächsleitung übernehmen. Bei folgenden Sitzungen könnt ihr das aber auch tun.

Die Gesprächsleitung hat noch verschiedene andere Aufgaben: Zum einen erstellt sie das Protokoll der Familienkonferenz. Das heißt, es wird schriftlich festgehalten, was besprochen und worauf sich geeinigt wird. Ein Blick darauf genügt, um sich auch später im schnelllebigen, stressigen Alltag an die gemeinsamen Beschlüsse zu erinnern.

Zum anderen sorgt die Gesprächsleitung für eine angenehme Atmosphäre: also leckere Getränke, ein paar Knabbereien und vielleicht eine Kerze auf dem Tisch. Eine Familienkonferenz soll nämlich auch Spaß machen und alle sollen sich wohlfühlen.

FRAGE gecheckt!

Wichtig ist, dass alle Familienmitglieder bei der Konferenz auch zu Wort kommen und gehört werden. Und vor allem, dass alle Meinungen gleich ernst genommen werden. Jeder beteiligt sich an der Suche nach Lösungen und alle Entscheidungen werden gemeinsam getroffen. Denn dann werden sie auch von allen akzeptiert.

Probiert das doch mal aus: Ihr – und vor allem auch eure Eltern – werdet feststellen, dass es sich total lohnt, schwierige Themen auf die Art und Weise zu besprechen und gemeinsam zu klären.

Ganz ohne Streit, aber auf Augenhöhe und mit Respekt.
Demokratisch eben.

Denn Demokratie geht jeden an und funktioniert dann am besten, wenn alle mitmachen – und mitmachen dürfen.

DIE CHECKER-TOBI-FAMILIENKONFERENZVORLAGE

Familienkonferenzen sind echt eine super Sache! Damit es am Anfang ein wenig einfacher ist, haben Roberta und ich euch eine Vorlage gestaltet, die für eure erste Konferenz benutzen könnt (am besten, ihr kopiert sie ganz oft).

Viel Spaß beim gemeinsamen Zuhören, Diskutieren und Finden von Lösungen!

SO, LEUTE!

Das war der große Demokratie-Check. Hättet ihr vielleicht nicht erwartet, was sich alles hinter diesem komischen Wort verbirgt, oder?

Okay, dass das irgendwas mit Politik und Regierung zu tun hat, war euch vielleicht klar – aber ich finde es auch spannend, sich bewusst zu machen, wo Demokratie überall eine Rolle spielt: in eurer Schulklasse, auf Spielplätzen oder sogar bei euch zu Hause am Esstisch.

Und mir ist wieder aufgefallen, wie froh und dankbar wir sein können, in einer Demokratie zu leben und nicht etwa in einer Diktatur: ohne Krieg, ohne ständige Angst und mit ganz vielen Freiheiten, unser Leben so zu gestalten, wie wir eben Bock haben und wie es uns guttut.

Das ist nicht selbstverständlich – und damit das auch so bleibt, müssen wir alle mithelfen. Und sei es nur, indem wir nicht nur unsere eigenen Rechte im Auge haben, sondern auch die unseres Gegenübers respektieren.

Also, liebe Mitbürgerinnen und Mitbürger, ich hoffe, euch hat unser demokratischer Ausflug genauso viel Spaß gemacht wie Roberta und mir.

Und jetzt raus mit euch auf die Straße und rein ins demokratische Leben: in den Fußballverein, auf den inklusiven Spielplatz oder ins nächste Kinder- und Jugendparlament.

Die demokratische Welt steht euch offen.

Bis zum nächsten Mal.
Ich freu mich drauf!

Euer Tobi

CHECKER TOBIS WAHLPARTY-HUT!

Für eure nächste Wahlparty könnt ihr euch den ultimativen Checker-Tobi Wahlparty-Hut basteln!

Funktioniert natürlich auch bei einem Geburtstag oder jeder anderen Party!

DU BRAUCHST

Schere
Gummiband

UND SO GEHT'S

1. Ausschneiden
2. An der Linie zusammenkleben
3. Zwei kleine Löcher in den Rand bohren
4. Gummischnur durchfädeln, als Kinnriemen befestigen

Viel Spaß!

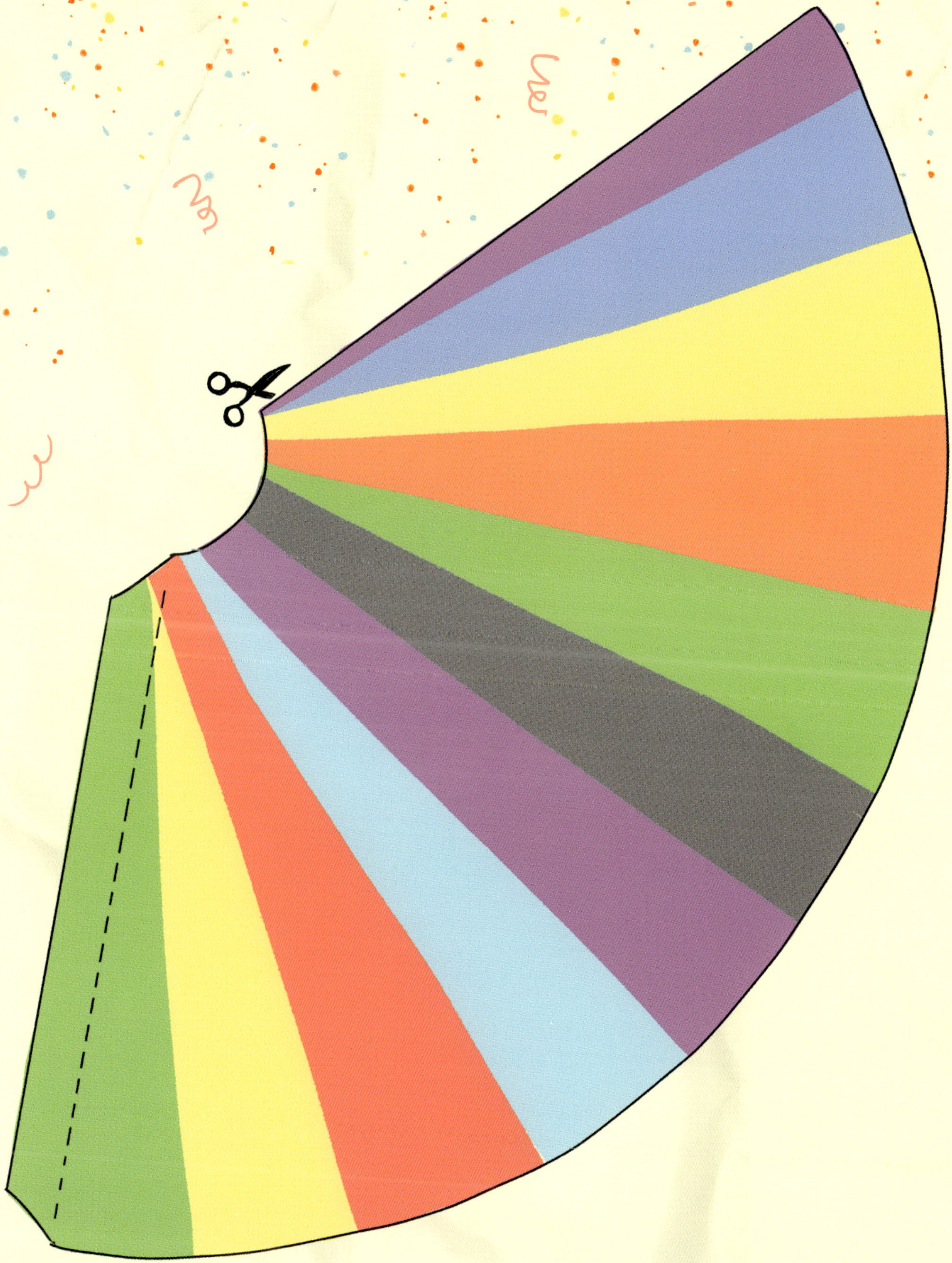

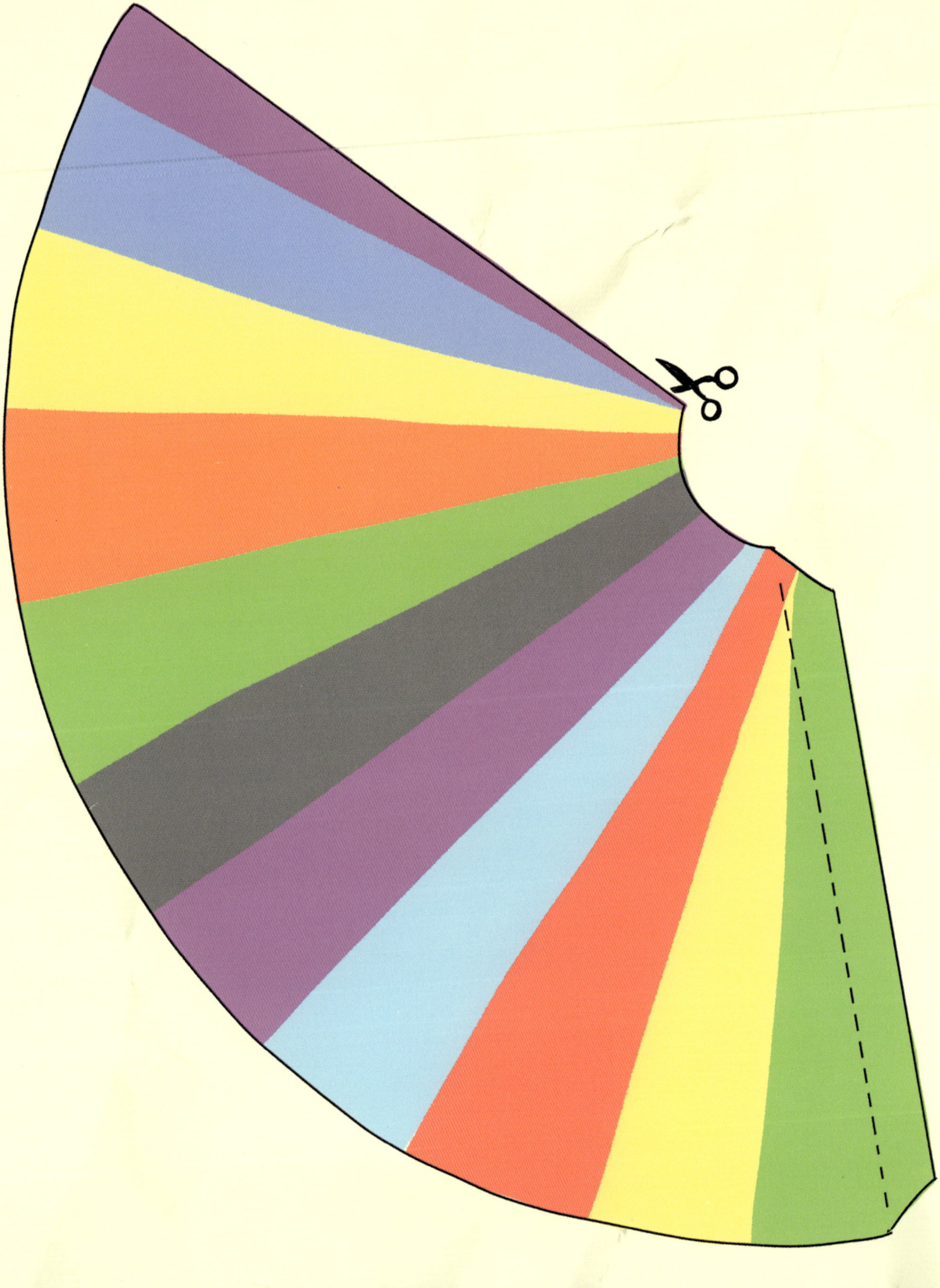

Tobias Krell, geboren 1986 in Mainz, absolvierte sein Masterstudium an der Filmuniversität „Konrad Wolf" in Potsdam-Babelsberg und stand als Reporter und Filmkritiker von 2008–2014 für DASDING.tv, dem jungen Programm des SWR, vor der Kamera. 2012 setzte er sich im Checker-Casting gegen 160 Mitbewerber durch. Seither hat er weit mehr als 150 Folgen „Checker Tobi" sowie diverse Sondersendungen und Spin-offs gedreht. Für seine Arbeit als Moderator wurde er u. a. mit dem Nachwuchsförderpreis des Bayerischen Fernsehpreises ausgezeichnet (2016) und war für den Grimme-Preis nominiert (2017). Ebenfalls sehr erfolgreich lief sein Dokumentar-Kinderfilm „Checker Tobi und das Geheimnis unseres Planeten" 2019 in den Kinos.

Gregor Eisenbeiß schreibt sich seit seinem Diplom 2009 an der Filmakademie Baden-Württemberg (Drehbuch) vielfältig durch die deutsche Medienlandschaft: Kino („Blacktape"), Serien für Kinder („Tiere bis unters Dach", „Die Muskeltiere") oder für Erwachsene („Alle Jahre wieder", „Im Knast", diverse Krimis) gehören genauso zu seinem Repertoire wie preisgekrönte Werbung („Tasty Tasches"). Dafür wurde er inzwischen mehrfach ausgezeichnet, u. a. mit dem Baumhaus/Boje-Medienpreis der Akademie für Kindermedien oder dem German Design Award (Gold) der Bundesrepublik Deutschland.

Carolin Flammang absolvierte nach einem Studium der Kunst- und Theatergeschichte an der Ludwig-Maximilians-Universität München eine Ausbildung zur Kommunikationsdesignerin. Seitdem lebt und arbeitet sie als Grafikdesignerin, Motion-Designerin und Illustratorin in München. Zu „Checker Tobi" hat Carolin einen ganz besonderen Bezug. Sie ist bereits seit einigen Jahren für die Illustrationen und Animationen in der Wissenssendung verantwortlich.

Checker TOBI

Der große Gefühle-Check
Freude, Wut, Traurigkeit: Das check ich für euch!
Band 1, 112 Seiten,
ISBN 978-3-570-17855-3

Der große Digital-Check
Smartphone, Internet, Social Media: Das check ich für euch!
Band 2, 112 Seiten,
ISBN 978-3-570-17856-0

Der große Gesundheits-Check
Viren, Fitness, Vitamine: Das check ich für euch!
Band 3, 112 Seiten,
ISBN 978-3-570-17885-0

Der große Umwelt-Check
Klima, Wald, Wasser: Das check ich für euch!
Band 4, 112 Seiten,
ISBN 978-3-570-17884-3

Die Kindersachbuchreihe um und mit dem beliebten TV-Star Checker Tobi, der im gewohnten Stil jede Menge Fragen und Infos für euch checkt. Ausgestattet mit vielen Fotos aus den TV-Sendungen, coolen und informativen Illustrationen und vielen interaktiven Mitmach-Checks, geschrieben von Gregor Eisenbeiß. Frage gecheckt!

8445_4

cbj

www.cbj-verlag.de

Checker Tobi

Der große Haustier-Check: Katze, Hund, Kaninchen – Das check ich für euch!

112 Seiten, ISBN 978-3-570-17972-7

Welches Haustier hat den besten Geruchssinn? Kann man die Sprache der Tiere erlernen? Warum sind Fische alles andere als langweilig? Tiere lieben alle und viele wünschen sich oder haben ein Haustier. Aber was wissen wir eigentlich über sie?
Checker Tobi stellt die Checkerfragen, die Kinder interessieren. Er spricht mit Fachleuten und lässt sich erklären, welche Tiere besonders intelligent sind, ob man Vogelspinnen streicheln kann und wieso Eichhörnchen sich nicht zähmen lassen. Mit vielen Fotos aus den Sendungen, Illustrationen und tollen Mitmach-Checks.

8550

cbj

www.cbj-verlag.de

Bei diesem Buch wurden die durch das verwendete Material und die Produktion entstandenen CO_2-Emissionen ausgeglichen, indem der cbj Verlag ein Projekt zur Aufforstung in Brasilien unterstützt. Weitere Informationen zu dem Projekt unter:
www.ClimatePartner.com/14044-1912-1001

MIX
Papier aus verantwortungsvollen Quellen
FSC
www.fsc.org
FSC® C106600

Wir produzieren Klimaneutral
ClimatePartner.com/14044-1912-1001
Druckprodukt

Penguin Random House
Verlagsgruppe FSC® N001967

1. Auflage 2022

Umschlaggestaltung und Layout: Kathrin Schüler
Umschlag- und Innenillustrationen: Carolin Flammang / megaherz
Umschlagfoto: Hans-Florian Hopfner / megaherz
Bildredaktion: Tanja Zielezniak
Text: Gregor Eisenbeiß
TP · Herstellung: AJ
Satz: Kathrin Schüler, Berlin
Reproduktion: Lorenz+Zeller GmbH, Inning a. A.
Druck: DZS Grafik d.o.o., Ljubljana
ISBN 978-3-570-18016-7
Printed in Slovenia

www.cbj-verlag.de

Quellen- und Bildverzeichnis

Aus folgenden Checker-Tobi-Folgen wurde Material verwendet:
Demokratie-Check, Flüchtlings-Check, Arm-und-Reich-Check, Film-Check, Lügen-Check, Gefängnis-Check, Mauerfall-Check, Kampfsport-Check, Handicap-Check, Blinden-Check, Nachrichten-Check, Familien-Check, Checker Tobi Extra: Warum wählen wichtig ist, Checker Tobi Extra: Demokratie, Chex! Bundestagswahl
alle: © megaherz / Bayerischer Rundfunk

Illustrationen: Carolin Flammang / megaherz

Checker-Tobi-Fotos: Hans-Florian Hopfner / megaherz

Alle weiteren Abbildungen:
AdobeStock: 84 (maffi); Akg-images: 25 o. (Voller Ernst), 27 u. (N.N.), 36 o. li. (AP); Alamy Stock Foto: 28 o. (World History Archive), 36. u. (Mike Abrahams), 37 o. (AJ Pics), 80 o. (Judith Bicking); bpb: 19 u. (Zeichnung nach einer Darstellung von Andreas Piehl); Dt. Schule Valparaiso: 41 (http://dsvalpo.cl/pause-auf-deutsch-06_mesa-de-trabajo-1-3-2/?lang=de (Vorlage Wortgitter)); FOTOFINDER.COM: 31 u. (chromorange / Michael Bihlmayer), 33 o. (imageBroker / Schoening), 33 u. (Caro / Bastian), 34 o. (Caro / Ruffer), 38 u. (Thomas Härtrich); Getty Images: 12 o. (Hulton Archive / Freier Fotograf,), 12 u. (LEON NEAL / Staff), 25 u. (Galerie Bilderwelt / Kontributor), 25 u. (Galerie Bilderwelt / Kontributor), 39 o. (Tom Stoddart Archive / Kontributor), 39 u. (Tom Stoddart Archive / Kontributor), 40 (Langevin Jacques / Kontributor), 71 o. (brandstaetter images / Contributor); Imago: 37 u. li. (bonn-sequenz); iStockphoto: 16 u. li. (BalkansCat), 16 u. re. (tunaly); Mauritius Images: 51 u. (Rainer Lesniewski / Alamy / Alamy Stock Photos); 62 u. (Michael steiner / imageBROKER), 70 o. re. (Rosseforp / imageBROKER), 70 u. li., 70 u. re. (Glasshouse / Circa Images), 81 o. (Mike Goldwater / Alamy / Alamy Stock Photos), 87 u. re. (Dr. Wilfried Bahnmüller / imageBROKER), Picture Alliance: 37 m. re., 37 u. re. (REUTERS | PAWEL KOPCZYNSKI), 38 o. (Jochen Eckel | Jochen Eckel), 51 o. (M.i.S.-Sportpressefoto | MiS), 87 m. re., 87 m. li., 88 o. (dpa | Frank Leonhardt), 88 u. (Nicolas Armer/dpa | Nicolas Armer), 89 o. (Sueddeutsche Zeitung Photo | Rumpf, Stephan), 89 m. (dpa | Stephanie Pilick), 90 u. (imageBROKER | Walter G. Allgöwer); Privat: 35 o.; Shutterstock.com: 14 u. (Yes058 Montree Nanta), 17 u. (Bumble Dee), 21 u. (AR42), 36 o. re. (hanohiki), 56 (Peter Stein), 58 m. (ChekmanDaria), 67 o. (Phap Nguyen), 68 o. (SeventyFour), 69 re. (Drazen Zigic), 69 li. (Gaie Uchel), 76 (FooTToo), 79 u- (Wondervisuals), 81 u. (Dean Gradella), 85 (New Africa), 101 (Tobias Fels); Stock Food: 64 u. (Tre Torri); Süddeutsche Zeitung Photo: 22 li. (Scherl), 28 u. (SZ-Photo), 87 o. (Sonja Marzoner), 87 u. li. (Catherina Hess); Wikimedia commons: 20 o. (Steffen Prößdorf (https://commons.wikimedia.org/wiki/File:2020-02-13_Deutscher_Bundestag_IMG_3438_by_Stepro.jpg), https://creativecommons.org/licenses/by-sa/4.0/legalcode), 22 re. (io-8-15! (https://commons.wikimedia.org/wiki/File:Völkerschlachtdenkmal_Leipzig,_Anti-Nazi-Plakat_2.JPG), „Völkerschlachtdenkmal Leipzig, Anti-Nazi-Plakat 2“, https://creativecommons.org/licenses/by-sa/3.0/legalcode), 62 (Lida Gustava Heymann (1868-1943) (Autorin der Broschüre) Horst Ziegenfusz (Fotografie 2018 vom Titelblatt der Broschüre) The copyright of the foto is with the Historical Museum Frankfurt who decided to release these media files under cc-by-sa license during GLAM on Tour Frankfurt 2018. The Archiv der deutschen Frauenbewegung (Archive of German Women's Movement) which is in possession of the brochure has agreed to this upload. (https://commons.wikimedia.org/wiki/File:Broschuere_Deutscher_Verband_für_Frauenstimmrecht_1907.jpg), https://creativecommons.org/licenses/by-sa/4.0/legalcode)